奇驗經說文圖解

陰陽二宅刻應

目講師纂

繼大師註

繼大師

《奇驗經說文圖解》（陰陽二宅尅應）— 目講師纂 — 繼大師註解

目錄

《奇驗經說文圖解》（陰陽二宅尅應）註解者自序 —— 繼大師

筆者繼大師過去曾得到一位朋友影印了一本風水手抄本，書名《奇驗經》，沒有作者姓名，後來始知為元末目講師所撰寫，是書內容字跡模糊，文字有缺，閱讀後，覺得內容頗為充實。全書細說風水的尅應，其尅應事例多達 143 種。

筆者後來找到由翔大圖書公司印行的版本，為合訂本，前後集兩經於一書內，由李崇仰先生所編定，卷首為吳景鸞所著的《先天後天理氣心印》，曾經是丘延瀚風水明師呈獻給唐玄宗的秘本。合訂本書內之後卷為《吳景鸞暮講僧斷驗集》，正是這本《奇驗經》也。

筆者於是在 2017 年丁酉年開始註解，為了使讀者易於明白，並加上自劃的插圖，斷斷續續地緩慢進行。原文詞語艱深難明，慶幸自身有長久風水經驗及有一定程度的風水學問，雖註解困難，終於在 2023 年尾完成，並進行打稿排版，真的費盡心血。

在註解其間，發現內文中所說的風水尅應，因時代的變遷，陽居環境不同，由古時的平房屋變成現在的高樓大廈。例如在《損貓斷》一文內所說的風水尅應，古時茅廁及廚房與現代不同，這裡提到在當時，所指的大部份都是平房村屋，其**《損貓斷》**所說：

「廚房範圍泥土及牆壁鬆散，容易被老鼠取洞做巢穴，廁所梯級要用石塊鋪上，樓梯單數梯級始為吉，否則會有損貓的尅應。」

但現代人生活在高樓大廈內，居住環境有很大改變，很少人養貓，若然養貓，只作寵物看待，若主人心態有暴力傾向，隨時會對貓隻施加暴力，令貓有所損傷。並非如這經所說：**「廁步腳下無用石。樓梯單步始為良。不然貓與鼠供食。」**

雖然它有它的風水學理，但時移世易，少不免有所改變，若非有豐富的風水經驗及學問，是很難明白的。筆者繼大師認為註解此書，並非百分之百完全準確，但雖不中亦不遠矣！

繼大師寫於香港明性洞天

癸卯年仲冬吉日

目講師（無著禪師）略傳

繼大師撰

《地理索隱》一書為無著禪師所著，他在首頁序文中有自我介紹，目講師或幕講師，又名無著禪師，俗名王卓，字立如，福建泉州府人，少年讀書，【元】賜進士出身，當時局勢動亂，無意任職官場，自稱仿效司馬子長（註）遊覽名山大川，觀光廣識，並著作文章以名後世。

繼大師註：「司馬子長」即「司馬遷」（西元前 145 至前 90 年），字子長，左馮翊夏陽，西漢時期史學家。司馬遷在年輕時遊歷江淮、巴蜀、西南夷與中原地區，後繼承父親之職，任太史令，並持續撰寫《史記》。

西元前 99 年（天漢二年），李陵伐匈奴兵敗被俘，被漢武帝認爲是叛降，遷怒於爲李陵，司馬遷爲李陵辯護，激怒了漢武帝，將司馬遷處以腐刑（閹割）囚禁，其後司馬遷在出獄仍堅持不輟，撰寫《史記》，爲中國歷史上一部偉大著作。

一日目講師在河南省名山內一茅舍中，見一老道人，中年已踰古稀，鬚鬢蒼然，對目講師說：「你相貌非凡，為何胡為至此？你若肯拜我為師，不必擔憂聲名不顯，可惜你額上有華蓋紋，兩眉無彩，但擔心你福份不足，而我亦老矣，急欲得傳人，願將生平所學全部傳授給你，你意思如何？」

目講師王卓立即下拜說：「願意接受教導。」於是學習數月，包括「兵法、陣圖、六甲、八門」之書，老道人謂，熟讀這些書，可以為王者之師。於是再教了他半年，後老道人取出〈天文一卷〉給目講師王卓，使他日夜閱讀學習。

一日老道人病了，並對目講師王卓說，我大限將到，還有《河洛理數、青囊經》等風水理氣書籍，未傳給你，並叫目講師在他的篋中取閱，將來或可用得上。

數月後，老道人病逝，當時國家正處於動亂，民間反元之士四起，當時目講師將所學得的，用於濟世，試用於人。因為他得來容易，所以不以為意，引致他幾乎身遭厄難，於是改姓埋名。

其後他隱跡在浙甯郡南門柳亭菴出家為僧，自號「無著」，後人稱他為「無著禪師」，他以地理救貧濟世，名滿江浙一帶，考証古墳名穴，取古巒頭書籍，細細揣摩，自言知音難遇，勉強指點人卅多年，給人家點穴造葬有七十二穴，八十四歲時在四明（即寧波）之無量庵，將卅多年心得而著《地理索隱》，後卒於寧波。

世傳除有《地理索隱》外，更有《目講金口訣》、《神火精》、《紫白訣》、《平地元言》、《外氣行形集》、《奇驗經》、《論山水元運易理斷驗》，為一代風水宗師，後傳至無極子，再傳蔣大鴻風水祖師，傳承不絕，對風水玄學，貢獻良多。這本《奇驗經》亦是他所撰寫，為得意之作。

《本篇完》

（一）《文官大小》

原文：**出文官。亦不同。筆架城門御史公。三重筆架重重案。定產朝廷給事中。**

繼大師註：穴之出水口方，有筆架形象的山，出現在水口外，穴場上可以看見，謂之「筆架城門」，出「御史公」，即現在政府專用寫歷史的官員。若穴前方有三重「筆架形的山」作為穴之案山，則出狀元，後為國家的高級文職官員。「給事中」是中國古代官職，秦時「給事中」是附加的稱銜，任何官職加上「給事中」之頭銜，可出入禁宮侍佑皇帝。

原文：**金枝玉葉三層統。長史定在此中生。華蓋三台少卿位。**

繼大師註：「金枝玉葉」形容如皇族後裔，表示身份的專貴。即山形為「品」字形，穴或陽居在「品」字的三個口的中央，「品」字如靠山、龍、虎二砂相夾。這則出「長史」官職。

「華蓋三台」即穴之後靠山，有三個山峰相連，亦主「少卿」之職位，北魏太和時代的官位，相等於清朝時期的四至五品官員。

原文：**土誥木印布政通。前官後鬼員外職。樓臺鼓角亦布通。**

繼大師註：穴之朝山有平頂山峰，左右兩邊有少許尖圓的角突出，像古代官員代表皇帝宣讀聖旨的「誥軸」，「木印」指土形誥軸山峰之外，有聳身木形山峰在中間朝穴，主出「布政」官員。

明初稱「布政史」，沿元制，于各地置行中書省。明洪武九年（公元 1376 年）撤銷行中書省，布政使司，每司設左、右「布政使」各一人，與按察使同為一省的行政長官。

「前官」者，穴前與案山相連的尖形砂脈，尖角向外，在穴上不見。

「後鬼」者，橫龍結穴，其穴上山丘主星的後方拖出一尖脈，與穴星丘相連，撐著穴星。

筆架城門御史公一

筆架城門御史公二

三重筆架重重案。定產朝廷給事中。

金枝玉葉三層統。長史定在此中生。

金枝玉葉三層統之二

華蓋三台少卿位

土誥木印布政通

前官後鬼員外職

有「前官、後鬼」者主發「員外」之職，全名「員外郎」，中國古代官職之一，原設於正員、定員以外的郎官，相當於副司長之職位。

「樓臺」即穴前羅城朝山有高聳的大山，峰頂圓正。「鼓角」即穴前羅城朝山出現秀麗尖峰的山是也。主出「布通使」的官員。

卜則巍《雪心賦》：**「樓台鼓角列羅城。」**注曰：「簇簇高而圓者，樓台山也。簇簇尖而秀考，鼓角山也。列於羅城，必結大地。」

原文：**火誥金印知縣是。金誥木印知州同。金誥居西布政侍。水誥居北參政公。木誥居南知府出。**

繼大師註：古代官員手持「寶誥」宣讀聖旨，這樣形狀的山峰，在風水學上名為「誥軸」，尖峰為火，平峰為土，圓峰為金，兩圓金並排成波浪形為水。

以山峰之五行，配合方位的五行，為之吉，方位的五行，以北方屬水，東方屬木，南方屬火，西方屬金，中央屬土。

相生者，水生木，木生火，火生土，土生金，金生水。

相尅者，土尅水，水尅火，火尅金，金尅木，木尅土。

「火誥金印」是誥軸之山，中間略圓拱形，兩邊有尖角，主出知縣。

「金誥木印」是誥軸之山，中間略圓拱形，誥軸山外之中間，有木形山峰來朝穴，主出「知州」一職。

「金誥居西」是中間略圓拱形的誥軸之山，出現在穴之西方而朝穴，主出「布政侍」之官員。

「水誥」是中間圓拱波浪形誥軸之山朝穴，出現於穴之北方，主出「參政公」。

「木誥」是誥軸之山，兩旁略尖，中間橫放成倒地木形，山勢不高而朝穴，居穴之南方，出「知府」官員。

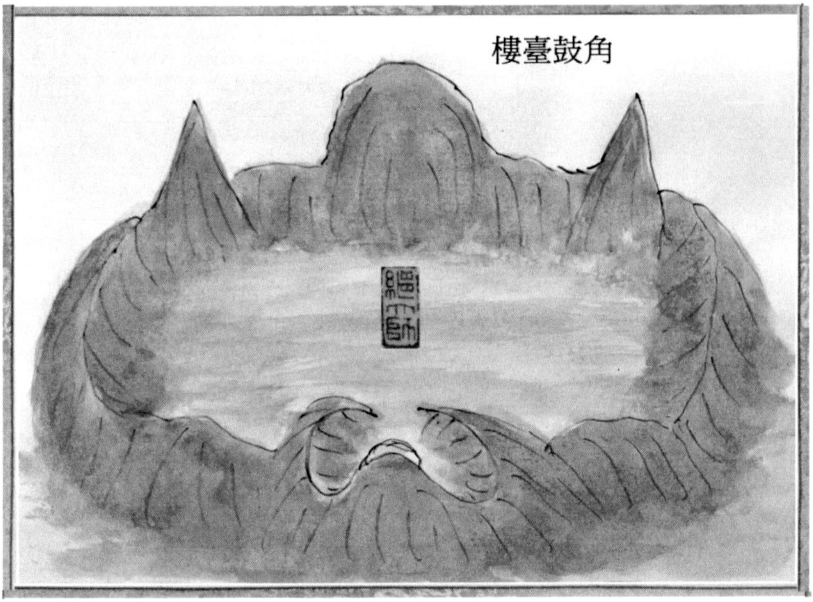

樓臺鼓角亦布通

火誥金印知縣是

金詰木印知州同

金詰居西布政侍

水誥居北參政公

木誥居南知府出

透天文筆廉使立。鼓角東出舉人從。

透天文筆廉使立。前朝帶誥出判通。

原文：**鼓角東出舉人從。透天文筆廉使立。前朝帶誥出判通。龍樓鳳閣真學士。劍山上殿功臣封。**

繼大師註：「鼓角」即出現在穴前羅城的尖頂形秀峰，在穴之東方，穴上可見，主出舉人。「透天文筆」即穴前正前方有高聳的木火形秀麗尖峰，形如文筆，眾山在兩旁環繞，主出「廉使」官職。若前朝又有「誥軸」形之山，主出判官。

「龍樓鳳閣」指來龍祖山高聳，山峰相連，而範圍廣濶，兩邊及中央頂上有尖火形石峰，整體形如樓閣，或似鳳形，行龍若有結穴，主出「學士」（學士為古代中國唐朝時代的官職名）。來龍祖山似「寶殿」，有劍山在來龍寶殿祖山之下，主出功臣。

原文：**黃榜山前貴人現。翰林學士顯文宗。黃榜山外火星利。布政提刑官則同。**

繼大師註：黃榜山為平頂方形的山，山下中間有尖形小山峰出現，前後相連，為穴之正面朝山，穴上向前看去，大小兩山重疊，小山為貴人山，主出翰林學士之人，且能發揚文學，影響後世。若黃榜山外有很多火形星尖峰，則出「布政、提刑」等官職。

原文：**七腦行龍人不識。國子祭酒有人恭。朱幡寶蓋出何職。人臣位極至三公。**

繼大師註：行龍之中，近穴之父母星丘的祖山處，出現大幛的山，頂上有七個相連的山峰，此謂之「七腦行龍」，並且為穴上之後方正靠山峰，主出「國子祭酒」一職。「國子祭酒」為古代主管國子監或太學的教育行政長官。

「朱幡寶蓋」指穴後之正正靠山，峰巒形勢端正，頂圓濶大高聳，如寶蓋，亦如皇帝御用的傘，主出位至古代「三公」的職位。「三公」是古代東亞的官名，泛指輔佐皇帝處理國務次等的高級官員。

原文：**飛鳳沖霄勢入漢。狀元宰相顯門風。鳴雁沖天高挺峙。提刑斬首有奇功。覆釜面前知府職。曬袍堆錦亦府翁。**

繼大師註：來龍似飛鳳沖霄之勢，且是幹龍，若是正結，加上有上乘向度，後代可發狀元宰相。整條來龍有如鳴雁沖天，主「提刑」之職，全名為「提刑按察使」，司掌刑法。

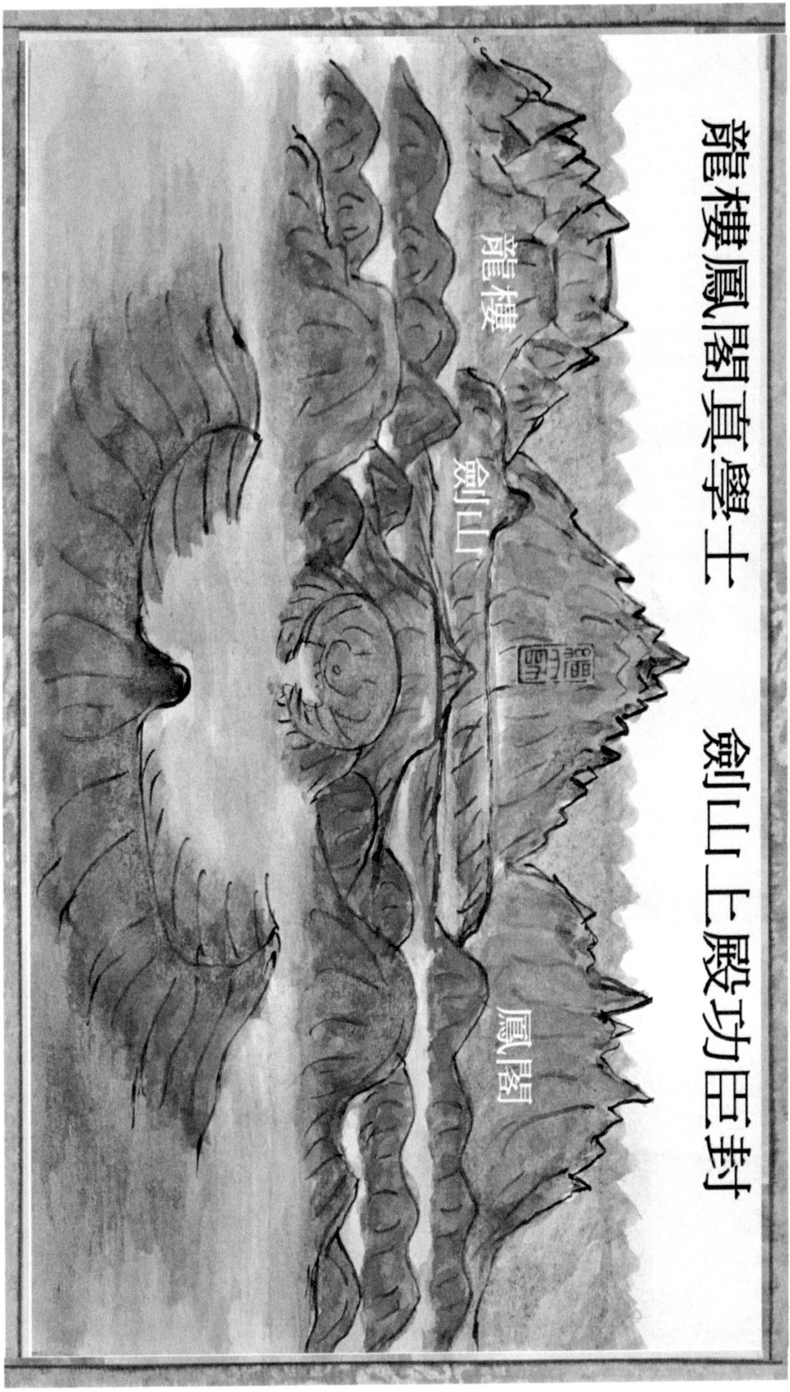
龍樓鳳閣直學士
劍山上殿功臣封
龍樓
劍山
鳳閣

黃榜山前貴人現。翰林學士顯文宗。

黃榜山外火星利。布政提刑官則同。

七腦行龍人不識。國子祭酒有人恭。

朱幡寶蓋出何職。人臣位極至三公。

飛鳳沖霄勢入漢。狀元宰相顯門風。

鳴雁沖天高挺峙。提刑斬首有奇功。

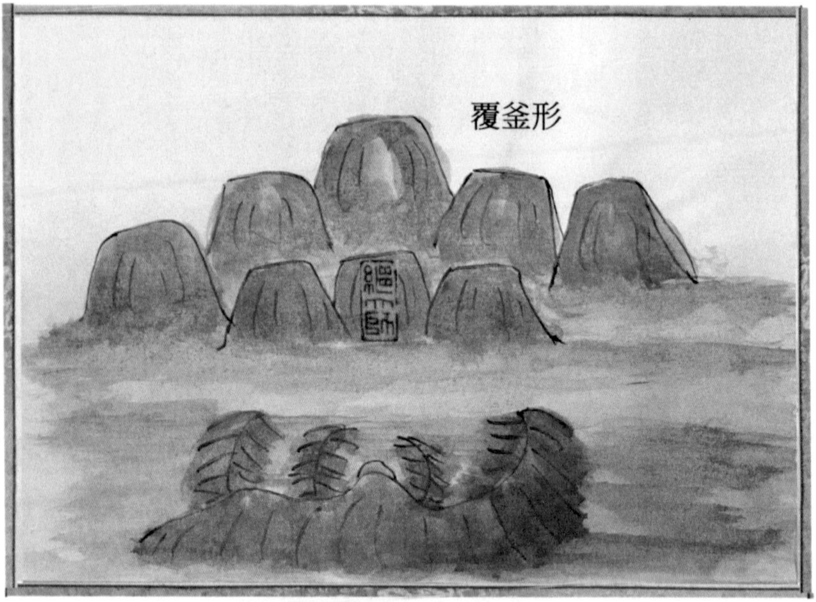

覆釜面前知府職

曬袍堆錦亦府翁

穴前有山如「覆釜」，主出「知府」一職，知府，也稱為「太守」，是中國古代地方職官名，州府最高行政長官。

穴前有很多小山，形如華麗的服裝，如「曬袍堆錦」，主出「府翁」，即富翁也。

《本篇完》

原文：**玄武山。有文筆。此地出經歷。**

繼大師註：穴後之山，稱之為玄武山，若是為文筆峰，則出「經歷」之官，是中國古代中階文官官職，為中央及地方機關所屬官員，始設於金、元，掌管案牘及其他日常事務。明代是軍政長官的幕僚，相當於宋代以前的參軍。

原文：**土誥木印護城門。吏目有東筆。**

繼大師註：若在穴之出水口處（稱城門），出現土形誥軸之山，山外或山內有木形山出現，木形如文筆，無論豎立式或眠式，均守護水口，穴之東方有文筆峰，主出「吏目」一職。

「吏目」為中國古代文官官職名，元代於儒學等提舉司及各州設吏目為僚屬。在清代相當於八、九品之官位，其職能通常是總務及雜役，如太醫院、兵馬司的基層官員編制之一，設置於土司則稱為土目，該官職於民國時廢除。

原文：**土誥水印主簿官。金誥浮水印縣承的。木誥居北或居西。通判經歷一齊出。**

繼大師註：有土形誥軸的朝山，下有水形（即波浪形）的印山，主出「主簿」官員，負責典使職務，由吏部銓選，屬於朝廷命官。

金形誥軸的朝山，上有水形印山，故曰「浮水印」，主出「縣承」官員。

原文：**土誥居北或在東。驛承巡檢難分明。席帽糊塗歲貢官。錫牌籐棍典史驛。**

繼大師註：土形誥軸之朝山居於北方或在東方，主「驛承或巡檢」官員。驛承是朝廷的特務眼線，也兼任地方仲裁首長，巡檢司的首長是巡檢大人。

穴前案山或朝山像「席帽」形，但若席帽有些含糊不清，主出負責歲歲來朝的貢官，若朝案之山似「錫牌、籐棍」，主出「典史驛」，乘驛馬運送典籍史籍的官員。

原文：**筆斜秀麗印星端。倉官大使毋容說。文筆若還入硯池。府吏為官典史職。**

繼大師註：穴前出現有側斜的文筆峰，也同時出現秀麗端正的印星，印星者，前朝羅城中間出現有眾山環繞的獨立山峰，主出負責倉官的大使。清代有「司倉」一職，為文官官職，位階為八、九品之官員，司倉一職通常與財政稅收有關，倉亦為倉庫之義。

穴前若有山脈形狀如倒地文筆，在穴之左或右出現，與中間出現的水池相連，這為「硯池」，主出負責官典史職的官員，明清兩代均有設置典史，掌管緝捕、稽查獄囚，屬於未入流（九品之下）的文職外官。

附圖如下：

《本篇完》

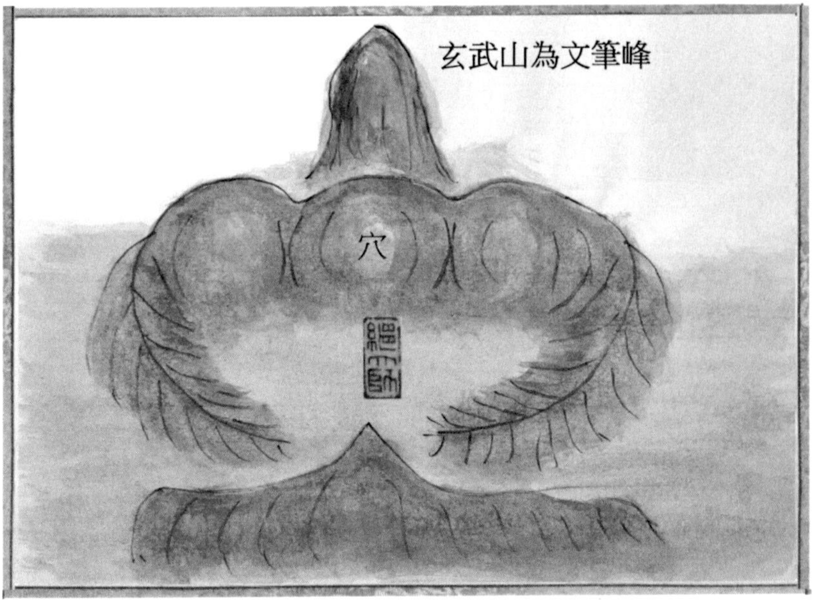

玄武山。有文筆。此地出經歷。

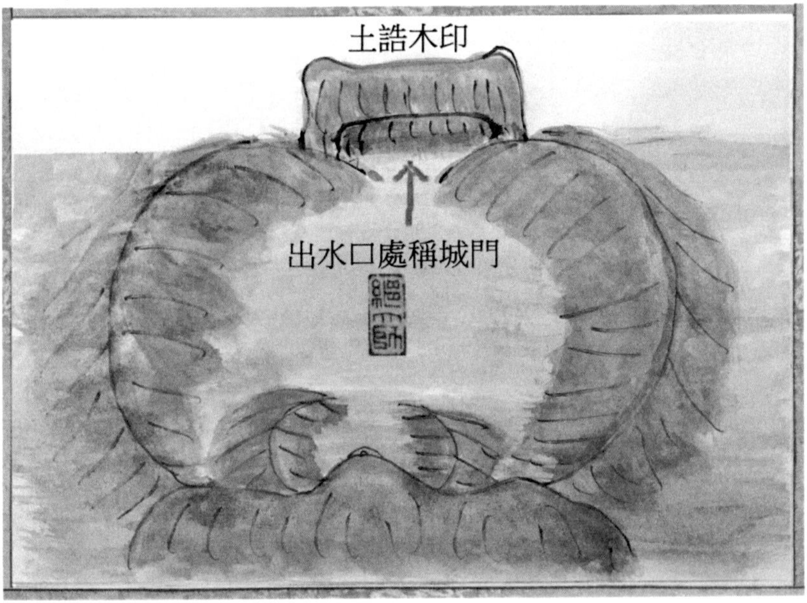

土誥木印護城門。史目有東筆。

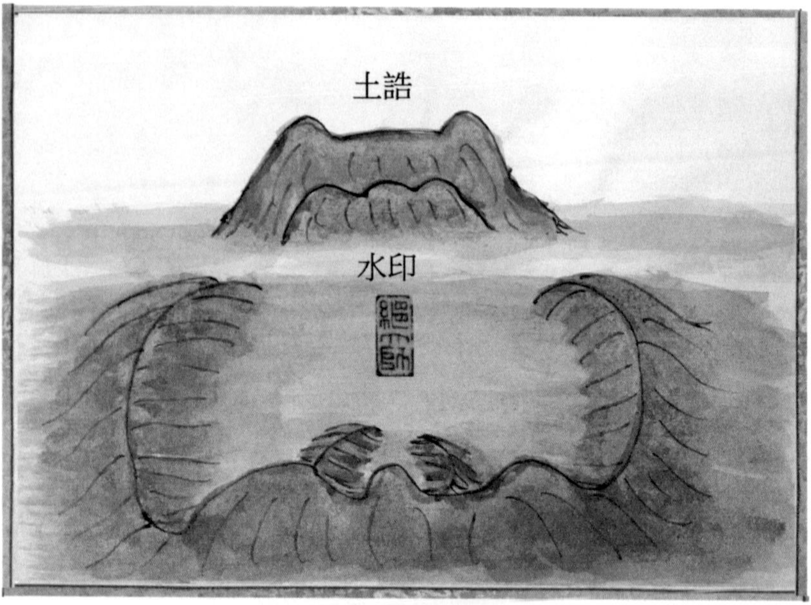

土誥水印主簿官

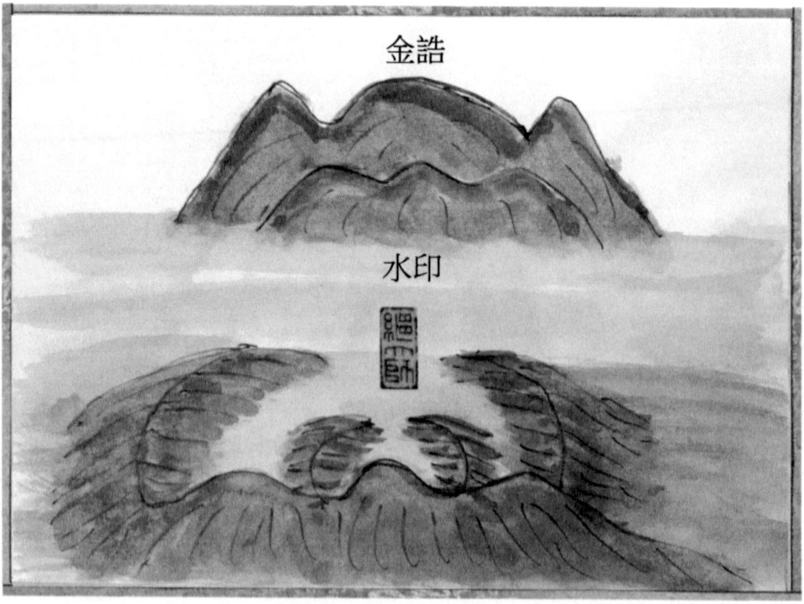

金誥水印縣承的

木誥居北或居西。通判經歷一齊出。

土誥居北或在東。驛承巡檢難分明。

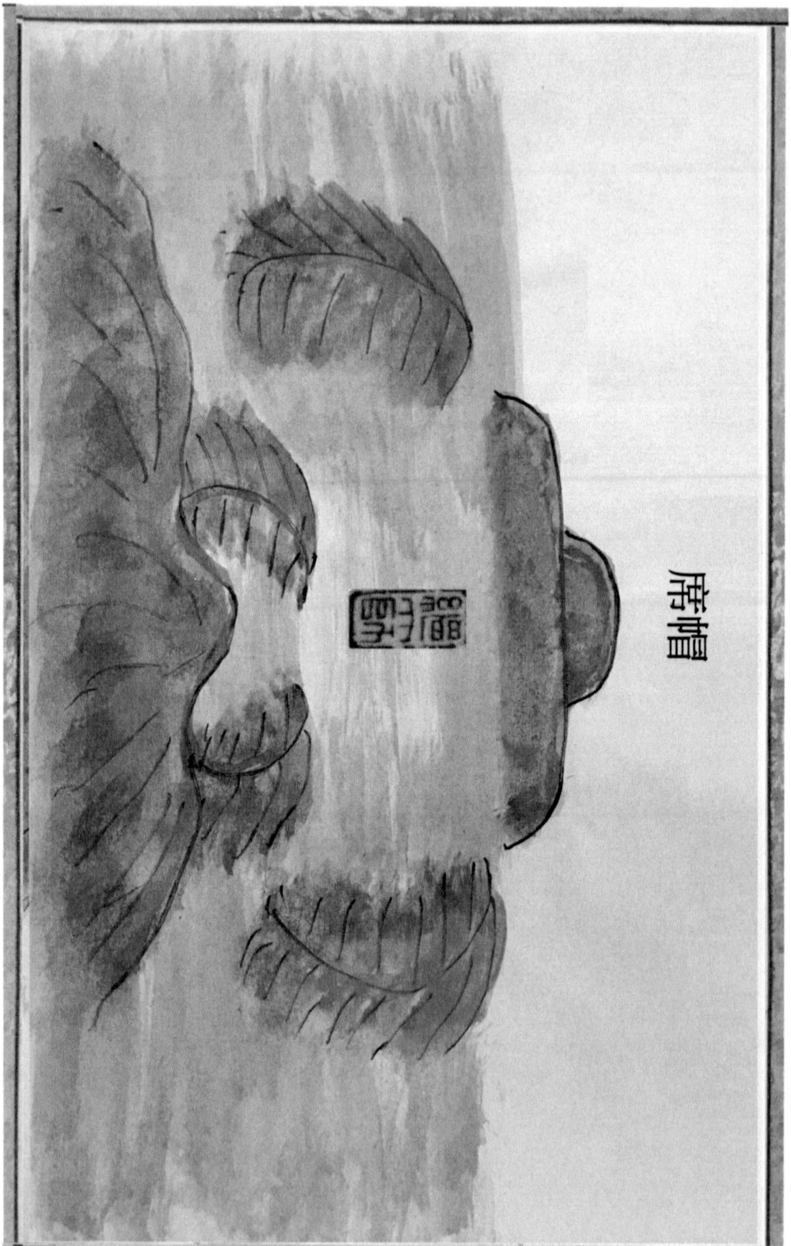

席帽糊塗歲貢官

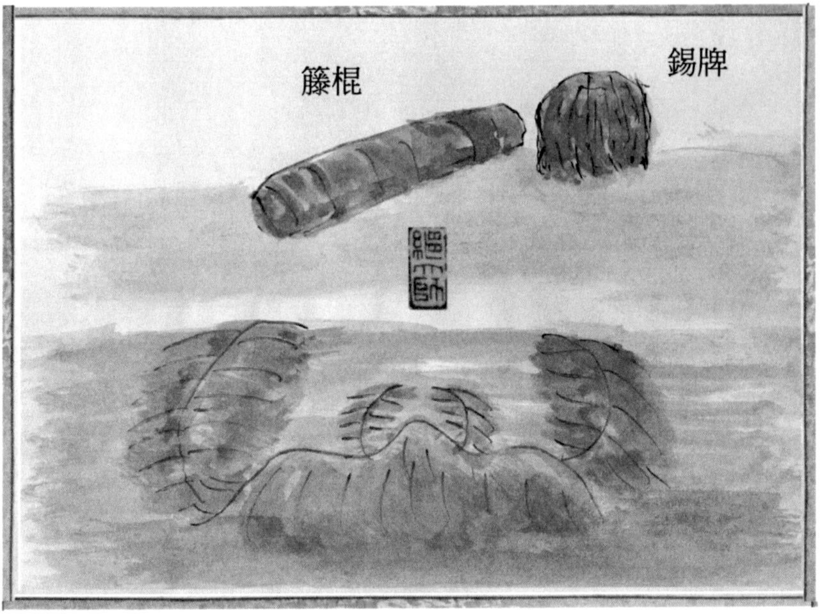

錫牌籐棍典史驛

筆斜秀麗印星端。倉官大使毋容說。

文筆入硯池。府吏為官典史職。

（三）《出武官大小職斷》──《奇驗經》 暮講師纂

原文：**武職官。難一般。尖天旗主總兵官。遊魚漆帽城門助。指揮職位佐朝端。**

繼大師註：出武官職位的穴地，一般是很難尋的，穴的正前方朝山，要出現尖形山峰，形似旗，為「尖天旗」砂，主出總兵官員。有山丘如遊動中的魚及帽子在穴前水口位置上出現，魚頭朝向穴方，主出指揮職位，輔助朝庭。

原文：**人高馬低為主帥。馬高人矮走卒官。金誥居東公與伯。金誥居北閫帥專。**

繼大師註：穴法之中，有馬上貴人穴，穴前有案山如馬，無論馬頭向左或右，橫放的案山像馬，馬頭高，馬尾略低，馬背中間略凹下，凹下的馬背中間，前面遠方有尖峰，穴正向凹下的馬背及尖峰作朝山，尖峰為貴人峰，貴人峰高而馬案低，出主帥，馬案高而貴人峰矮則出兵卒。

金形誥軸居於東面，為穴上正朝之山，則出公侯與伯爵。（三公爲：太師、太傅及太保）。金形誥軸居於北面，為穴上正朝之山，主出「閫帥專」即「專閫」，將帥在外統軍稱為「專閫」（閫音捆）。

原文：**衙刀舞劍擎槍起。指揮代代子孫傳。前山卻是魚鱗樣。總兵都督鎮三邊。旗縱劍橫閫外將。**

繼大師註：穴前有山如「衙刀、舞劍及擎槍」等形，主後代子孫出指揮官員。穴前方有山如魚鱗一樣，主出總兵都督，威鎮三邊，這要看龍之大小而定。穴前有旗山豎起，長劍橫放，主出邊關大將。

原文：**筆低案小帳下攢。華蓋之山帥府職。平天冠蓋伯侯官。三台腳下紅旗現。總鎮三軍天下傳。**

繼大師註：穴前文筆峰低，即文星低也，案山小，文筆在山帳之下攢，（攢音節，即聚在一起之意。）「華蓋」指穴後有靠山山峰，如寶傘或如皇帝出巡時有御傘在頂上，主出帥府之職。

若後方靠山高聳，入雲中如「平天之冠蓋」，主出伯侯之官員。

三台者為「華蓋三台」，是龍結穴後方的靠山，頂上有三個山峰相連，在中間的大靠山左右兩邊，腳下出現有火形山峰，像紅旗一樣，在兩旁守護着中間主星，主出三軍總司令。

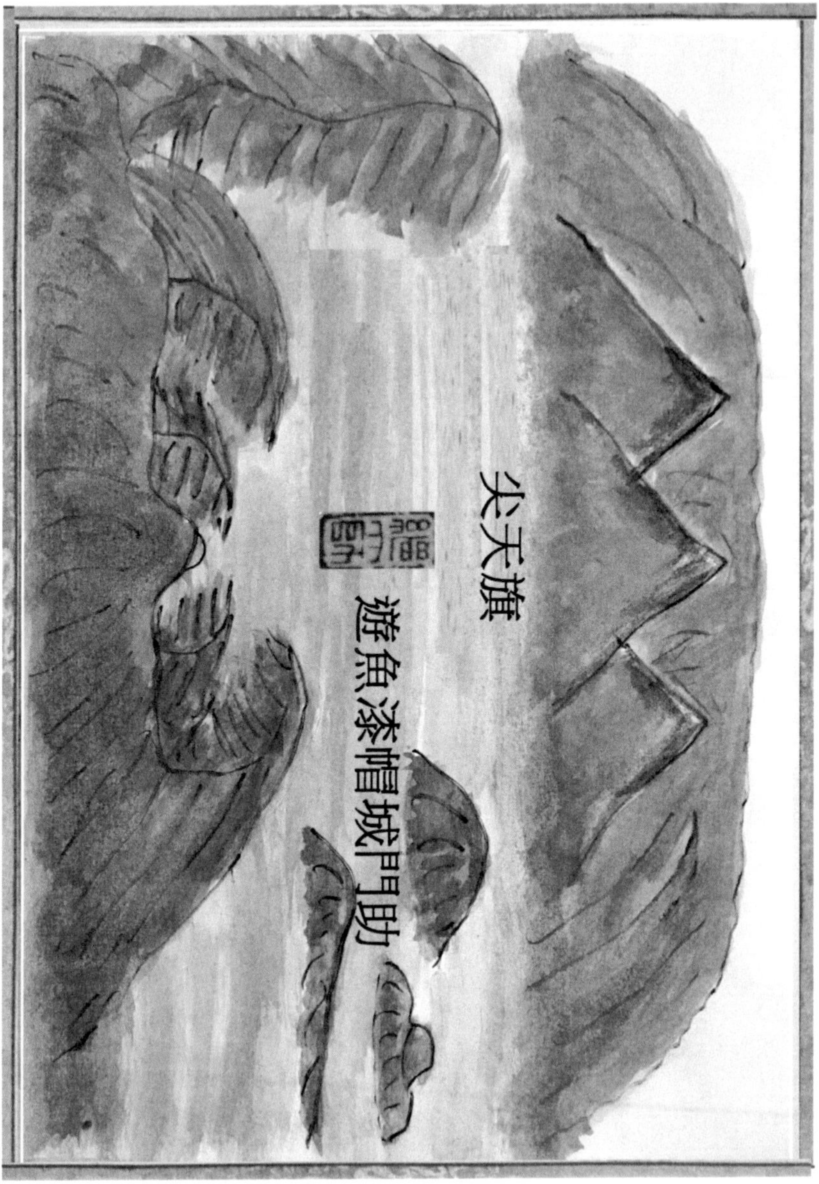

尖天旗主總兵官。遊魚漆帽城門助。指揮職位佐朝端。

人高馬低為主帥

馬高人矮走卒官

金誥居東公與伯

金誥居北闔帥專

徛刀舞劍擎槍起。指揮代代子孫傳。

前山卻是魚鱗樣。總兵都督鎮三邊。

旗縱劍橫閫外將。筆低案小帳下攢。

華蓋之山帥府職。平天冠蓋伯侯官。

原文：**火星連帳紅旗樣。指揮千戶一同權。虎上牙刀為大將。曜星為出侯伯喧。**

繼大師註：穴之後方來龍是一連串相連的大山群，為之大幛（同－帳），穴靠着後方山嶺大幛，頂上很多像令旗般的火形尖峰相連，橫長而濶大，主穴蔭生指揮的官員。

穴的白虎方（右邊）出現像「牙刀」的護脈，主出大將，牙刀者像刀，而護脈外有尖脈像牙齒尖向外射出，且與護脈相連。

「曜星」者為穴之左右護脈山峰，頂上有大魄尖石向天，或在左右護脈外方，向左右外方射出，主出「侯、伯」的官員，中國古代分五等爵位，為「公、侯、伯、子、男」，「侯、伯」是第二、三等大官。

原文：**龍指天兮虎指地。千戶萬戶一般般。右山旗鼓千戶職。坤山掉拔總督專。**

繼大師註：在元朝時代有千戶侯及萬戶侯等職，以坐在穴位的位置來說，左為」「青龍」，右為「白虎，若穴之右方（白虎）有很多旗山及鼓山，主出千戶侯一職，若然旗鼓之山沒有出現在穴之坤方（西南方），只能蔭出總督官員，「總督」為地方區域的最高行政長官。

原文：**何知此地將軍出。百萬廉貞左右纏。何知將軍立殿上。火星剛硬聳天邊。**

繼大師註：若穴之左右方內護砂以外，有無數的尖形山峰出現，守護穴場，則出將軍。若然眾多左右尖峰高聳而剛硬，則為朝廷所御用的將軍。

附圖如下：

《本篇完》

曜星若出現在穴之左右方主武官

火形石山出現在穴之前方亦主武官

千萬火星城門現

（四）《公侯將相斷》——《奇驗經》暮講師纂　繼大師註解

原文：**出公侯。有何緣。金箱玉印內外端。千萬火星城門現。三陽堂氣似海寬。玉帶環山幞頭聳。禽獸捍門印誥全。**

繼大師註：穴前有三個明堂，穴前內堂緊聚，內龍虎砂緊抱，中明堂在穴之內龍虎砂之外，亦很大，遠有羅城朝山，朝山之外，有廣大寬闊的大明堂，若穴的位置結得高，則外堂是可以看見的。

內、中、外共三堂，名「三陽堂局」，各堂局之中，有像「金箱、玉印」等山形，及無數的火形尖銳山峰出現，在中明堂或外明堂上出現有順弓水流如玉帶，環抱穴場。

又有高聳的「幞頭山」朝穴，「幞頭」是隋唐時期的首服，還有紗帽。在唐代，紗帽被用作視朝、聽訟和宴見賓客的服飾，「幞頭砂」朝穴，表示清貴。

穴前有「捍門」，「捍門」是穴前出水口處，有山峰在兩岸對峙，或有山丘像日月，且互相對峙，像一道門，流水由中間出去。「捍門」有三種：

（一）在穴外龍虎砂之內出現尖峰或有山丘像日月互相對峙。

（二）在穴外龍虎砂之外方，出現尖峰或有山丘像日月互相對峙。

（三）在穴前遠處之中明堂或外明堂的左或右方出水口處，有尖峰或有山丘像日月互相在兩岸對峙。

水口又有像飛禽、走獸之山守護，有「印山」及「誥軸」之山，全部周全。則屬於大地毋疑，主出公侯將相。

附圖如下：

《本篇完》

火星現城門（城門即水口）

眾火星作朝山出公侯

火星作朝山出公侯 一

火星作朝山出公侯 二

桿門第一格

桿門第二格

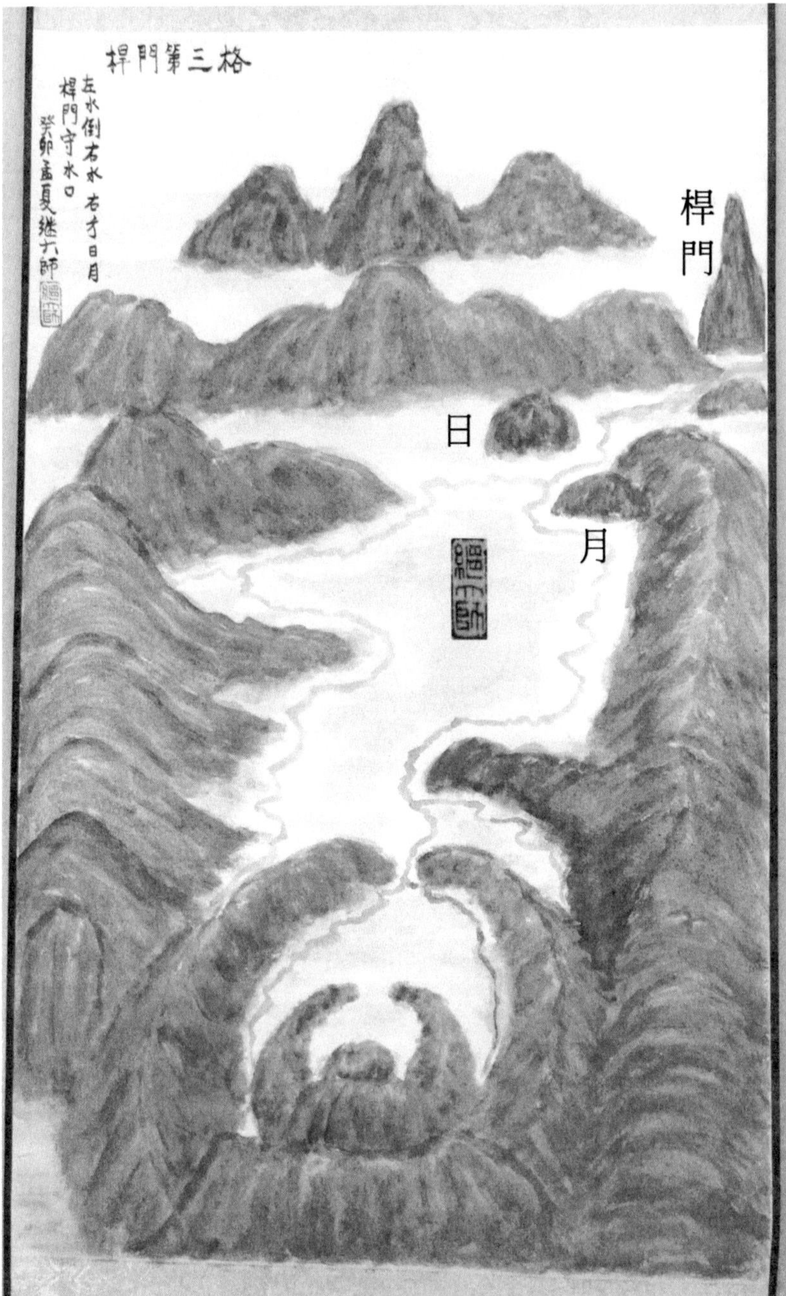

捍門第三格

三陽堂局

（五）《尚書斷》——《奇驗經》暮講師纂　繼大師註解

原文：**尚書輔弼朝。金木沖天高。金誥居東官八坐。金誥南地亦同招。馬山更兼貴人現。定出尚書與帝遊。**

繼大師註：穴前有「左輔、右弼」山峰朝穴（土金形、金形帶水形等山峯），有圓金形及高大聳身木形星峰，高似沖天之勢。穴坐西向東，前方東面又有圓金形誥軸之朝山，或穴坐北朝南，前方南面有圓金形誥軸之山，有天馬山及貴人山出現，主出「尚書」一職，並常與皇帝出遊。

（六）《狀元斷》——《奇驗經》暮講師纂　繼大師註解

原文：**狀元筆。天外出。前後尖峰元可必。禽鬼獸曜現城門。火星尖聳狀元的。**

繼大師註：有高聳的木火形尖峰作為穴的特朝，而且在穴前同一軸線上，換句話說，穴前正向兩個重疊的木火形尖峰，為雙文筆峰，遠峰非常高大寬闊，近峰較低，兩峰皆可見，且在同一軸線上，四週有羅城（羣山）環繞。

穴前方的天然大局，其出水口方（城門）有禽星、獸星守護，穴之左右方有尖石、尖峰（曜星）出現，穴後之父母星丘後方有尖脈拖出，名「鬼尾」，火星尖聳山峰是「狀元筆」主出狀元。

原文：**兩火若插與天齊。兄弟聯芳居第一。出陣貪狼與蘆花。歸朝武曲朝帝闕。火星千里侵雲邊。狀元定是神童捷。三山筆架並雲端。出身定是宮花插。**

繼大師註：穴前有非常高聳的雙尖火形山峰作朝山，穴向雙尖峰中間，穴立「雙山雙向」配之，主兄弟名列第一，且一同登科。

行龍像三軍出陣一樣，龍的奴僕護砂很多，行龍為木形星「貪狼」與「蘆花」，穴是回龍顧祖，穴朝向武曲星峰，及朝向有非常多的高聳火形尖峰山群，尖峰高入雲霄，主出神童及狀元。一座有三個相連的山峰而成筆架形，且高入雲端，主出時常出入宮中的大臣。

附圖如下：

《本篇完》

火星尖聳狀元的

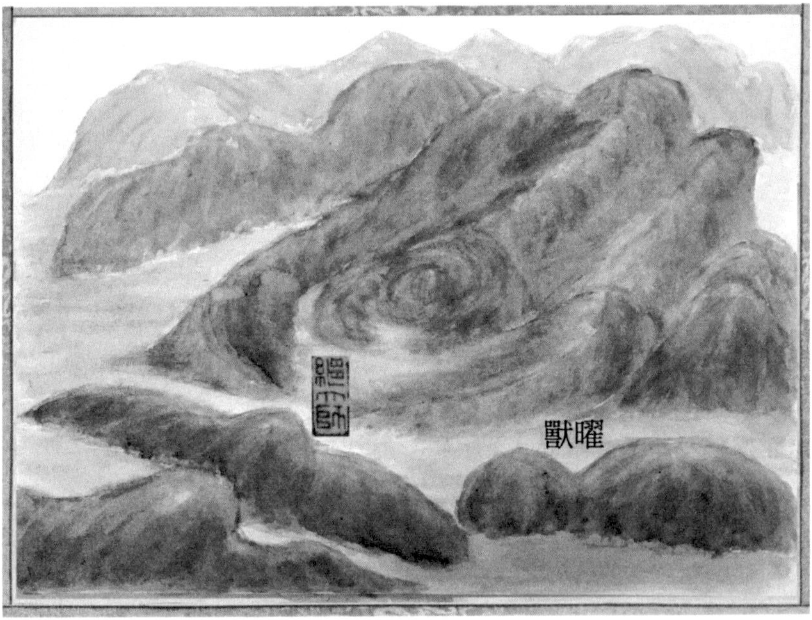

獸曜現城門

筆架朝山

兩層筆架

原文：**貪狼照。出文官。金星開口土星端。水流九曲六秀照。文星闊大誥軸全。**（指案山言）**左牙刀。有司官。乾坤艮巽尖峰端。案上金星貴人拱。樓臺鼓角印箱全。**

繼大師註：「貪狼」星為木形文筆峰，若穴前朝穴，為穴之前照星，在後為穴之靠山是後照星，主出文官。

穴前有圓金形山，中央生出一個平頂土形的端正小山丘，金中有土，穴前有九曲之水流朝穴，方位是「六秀水」來朝穴，又有「一字橫長文星」作案山，有闊大「誥軸」朝山，（「誥軸」者是山形像皇帝宣召的「聖旨」一樣）。

穴之左方（青龍砂），外有砂爪如牙齒，又似刀，刀尖向外，與青龍砂相連，穴上不見，主出「司官」。「司官」是清代各部屬官的通稱，指各部內的司郎中、員外郎、主事及主事以下七品小京官。

在羅盤廿四山中的四隅方位，即「乾、坤、艮、巽」出現端正的尖峰，穴上有圓金形山丘作穴之案山，案山之外，有貴人峰正拱穴場，「樓臺」屬圓金形山丘，「鼓角」是兩旁的尖頂山峰，「印箱」是四方形的山丘，像珠寶首飾箱，各樣山形均齊全，主發官貴。

（八）《武官斷》——《奇驗經》暮講師纂　繼大師註解

原文：**廉貞照。出武官。貪狼平頂火星端。旗鼓拱夾槍刀案。出身閃側掌兵權。右牙刀。武職官。右砂磊磊庚位端。流水之玄斜返勢。子午誥大闖帥權。**

繼大師註：有火形尖峰正朝穴位，為「廉貞」前照星，主出武官。穴前朝山是木形山峰為「貪狼」星，頂略平的山峰再出現一端正的火形尖峰，穴左方有旗山，右方有鼓山來拱夾穴場，前有案山如橫臥的槍刀，主出掌兵權的人。

穴之右方（白虎砂）外有尖脈射出，與白虎砂相連，穴上不見，為「右牙刀」主出武職之官員。

穴之右砂（白虎砂）在廿四山方之「庚位」（西方）磊落端正，有「之玄」的水流斜斜地朝向穴方，南北（子、午）方有「誥軸」形的山峰出現，主出有權力的邊防大帥。（請參考第三章《出武官大小職斷》圖片）

（九）《雜職斷》——《奇驗經》暮講師纂　繼大師註解

原文：**龍閃側。左石峰。席帽模糊案不清。錫牌籐棍多雜職。輔弼欹斜總一同。**

繼大師註：行龍有閃側之勢，穴之左方（青龍方）有石峰，前方有席帽模糊的案山，及「錫牌、籐棍」等砂，則多出雜職，若出現欹斜的「輔弼」（土或土、金或土、水形）的山峰，其剋應亦相同。（「錫牌、籐棍」請參考第三十九頁圖片）

（十）《掌印斷》——《奇驗經》暮講師纂　繼大師註解

原文：**龍結穴。四正朝。金星端正木星高。脫帳降帳中央出。樓臺鼓角印箱週。**

繼大師註：真龍結穴，穴之「前、後、左、右」為「子、午、卯、酉」四正方向，有圓金形星峰，及有端正高聳的木形星峰來照穴。穴之來龍是橫澗的大山大嶺，由中間落脈拖出前行而結穴，穴前有「樓臺」（寬闊的金形山）「鼓角」（突出的尖形山峯）「印箱」（四方或長方的山丘，像盛裝金銀財寶的百寶箱。）出現在穴前的羅城群山上，主出「掌印」（掌握大權）的人。

（十二）《太監斷》——《奇驗經》暮講師纂　繼大師註解

原文：**出太監。有何因。太陽蓋了太陰星。土誥居西多凹陷。一重華表一重門。**（指捍門）**火誥若在東方出。朝君太監有聲名。**

繼大師註：半圓形略高的山丘，像半個太陽升上大海水面一樣，此為「太陽金」，像娥媚月的半圓形山丘為「太陰金」，前案為「太陽金」遮蓋了「太陰金」的星丘。在穴的西面有凹陷的平土「誥軸」形山丘，左右兩旁有尖窄山峰對峙，一重華表即一重門（華表在水口名：捍門）守護著。火形誥軸形的山丘，若出現在東方，主出有聲名的太監。

（十二）《出官斷》——《奇驗經》暮講師纂　繼大師註解

原文：**火星頂。木星胎。水口貪狼石獸排。更有尖峰居水口。不修天爵有官來。**

繼大師註：行龍祖山是尖形山峰，為「火星頂」，再去的脈為木形山脈，且依附着來龍的山脈，即脈上有脈，此為來脈的胎息，為「木星胎」，稱「紫氣」，胎息脈氣到一處有變化的地方，即為結穴地點。

穴位大局的出水口，出現「貪狼」木形石山，又有像動物的「石獸」在水口兩邊排，更有「尖峰」居水口，主出官貴之人。

（十三）《出貴斷》——《奇驗經》暮講師纂　繼大師註解

原文：**巽峰高。多貴客。尖峰高聳貴無敵。出陣貪狼是狀元。歸朝武曲榜眼出。衙刀節仗貴非常。擁旌建節姓名香。前嶂後臺真宰相。**

繼大師註：東南方為廿四山之「巽」方，有高聳的山峰，主後代出官貴，亦多貴人扶持，尖峰又高聳，是極貴之地，有木形山峰「貪狼」如出陣一般，若穴正朝此貪狼文筆峰，主出狀元。

有高聳的金形山峰為「武曲星」，由祖山出脈，至穴前朝拱穴場，名「歸朝」，主出「榜眼」（僅次於探花、狀元）。

無論穴之青龍或白虎砂，砂外有脈相連如衙刀，刀尖向外，穴上不見，主出官貴。前後有山像旗旌一樣，出有名的使節，穴前有大嶂（橫排的大山嶺），穴後有高山如樓臺作靠，主出宰相。

據筆者繼大師的經驗，出宰相的穴地，必須為逆龍，且是幹龍結地，廉貞火形山作祖山，父母山高聳，前朝三陽堂局具足，有文筆峰等，全收逆水大局。

原文：**貴人**（尖峯、巽峯）**祿馬立朝端。**（丙艮爲天祿。乾離爲天馬。）**穴乘六秀俱朝拱。天乙太乙翰苑芳。**

繼大師註：穴之前是「巽」方（東南方），有尖峰朝山出現，尖峰之下有天馬山，為馬上貴人，穴得到「六秀」（六個吉方位置）的峰巒來朝拱，以「紫微垣天星圖」來說，「天乙、太乙」之星，其位置在穴之正前方，主出翰苑官員，即「文學侍從官」。

（十四）《出女貴斷》—《奇驗經》暮講師纂　繼大師註解

原文：**娥眉星。近江河。金星八九女如花。**（八九金星。齊峙面前。）**辛方水朝女人巧。東南砂秀嫁皇家。**

繼大師註：穴前有橫案之山，形如「娥眉月」，此謂之「娥眉星」，若穴前有水如娥眉月形（半圓金形水），或有八九個圓金形山峰在穴前出現，所有的娥眉星形的流水出現在穴之廿四山「辛」方（即西面），主出聰慧的女人，若在穴之東南（巽）方有秀麗的娥眉山出現，主後代有女嫁給國家統治者。

原文：**誥軸花開金居兑。女人富貴實堪誇。朝秀巧。抱明堂。左右掌。列成行。天角天弧尖麗出。金冠霞帔女為王。朱幡寶蓋從右出。生女定是配帝郎。**

繼大師註：穴前有金形「誥軸」之案山居於「兑」（西）方宮位，主女人富貴，朝山秀麗，四山環繞明堂，左方有高山守護名「天弧」，右邊白虎有高山守護，名「天角」，左右相夾之山，帶尖而秀麗，穴後方有山如「金冠、霞帔」，穴星祖山右方有山如「朱幡、寶蓋」，假若生女，定是配帝郎，即為皇后或皇妃也。

（十五）《因女得貴斷》——《奇驗經》暮講師纂　繼大師註解

原文：**辨錢山。如月形。端正墳前後亦生。金誥開花離巽秀。其家因女得官人。**

繼大師註：分辨穴上可以看到的「錢山」，山形像古代的錢幣，山端正，似半月形，端正地出現在墳之前或後，有金形誥軸山作案山或朝山，周圍有小山丘，形象開花一樣，位於南方離位及東南方巽位而秀麗，主其家有女嫁給做官之人。

《本篇完》

(十六)《貴而不富斷》——《奇驗經》暮講師纂

原文:**貴人正。龍虎全。艮巽乾方缺陷偏**(艮祿巽貴。乾爲祿馬)**。左右前後倉庫少。縱然得貴也無錢。**

繼大師註:穴正收前方端正秀峰朝山,左右龍虎砂手齊全,但於穴之「艮、巽、乾」方有缺陷,(艮——東北方,巽——東南方,乾——西北方。)穴左右前後「倉庫山」少,據筆者繼大師所知,秀峰出貴,尖峰出權,倉庫山出富,但最重要的,就是穴前收得逆水便可發富。

若穴位高結,靠山雖高,前山有秀峰、尖峰,但山峰矮小,是為順水局,山峰主貴,若穴是順水,而遠方有高山羅城環繞,則先貧後富。

《本篇完》

（十七）《有官無位斷》——《奇驗經》暮講師纂　繼大師註解

原文：**貴人正，祿山偏。石頭磊磊為正官。貴人卻被木星隔，縱然受祿永無權。**

繼大師註：穴前有端正尖形或木火形山峰作正朝，倉庫形之祿山在穴前左或右方，但被近穴方的矮小木形山丘所相隔，貴峰受阻，木尅土也，倉庫形之山應祿，貴峰應權，故有祿無權。

（十八）《晚成斷》——《奇驗經》暮講師纂　繼大師註解

原文：**外山秀。內山微。奇峰遠隔晚方知。震山壓塚少年滯，子午山低梁灝齊。**（震山高壓。蔽日之光。晚見君王）

繼大師註：穴前朝案之山有多層，外處遠山秀麗，近山不多，有奇峰在遠外被近山山丘所相隔，震方（東面，羅盤廿四山中的甲、卯、乙三方爲震宮）有高峰壓向墳穴，主墳穴後代在少年運滯。

在穴的子（北）午（南）方有低山，晚年始見國家統治者。筆者繼大師曾在梅縣大埔壩堪察一山頂結穴之騎龍地，正是「子山午向」，近穴前有橫欄一案，為青龍捲案，青龍砂由龍穴的同一祖山而出，為「傍祖幛」，青龍砂過了穴之正中間偏右少許，稱之為「過堂」，案山把前朝秀麗的遠山遮擋著。

以前恩師 呂克明先生曾說過此穴為：「**有見皇帝緣。無見皇帝份。**」穴之後人劉老伯，值八十年代中國改革開放，外商投資企業，但一定要當地人參與，作合伙人亦毋須給任何金錢，由於賺了大錢，劉老伯將錢回饋給當地政府，驚動中央，鄧主席要召見他，他臨行之前弄傷腰骨，沒有緣份相見，正是此理也。

《本篇完》

（十九）《出富地斷》——《奇驗經》暮講師纂　繼大師註解

原文：**逆水砂，富堪誇。東倉西庫富豪家。金箱玉櫃積財寶。銀瓶盞注穀如砂，艮山艮水朝，蟻聚蜂屯總富華。土居火地白屋富，火賓土主亦豪家。**

繼大師註：發富之穴，一定是收逆水，穴前朝案之山高聳，生氣從前方而來，左右兩旁有「倉庫、金箱、玉櫃」之山，穴前生氣全聚入面前明堂內，有入無出，如注水入瓶罐一樣，穀米堆積如山。

東北艮方有山水來朝，如蟻及蜜蜂之所聚，此比喻山峰數量之多，總應富貴榮華。穴屬土，南方屬火，「居火地」者為穴在南方，「火賓土主」者為坐北朝南，收到逆水，則出富豪。

（二十）《先貧後富斷》——《奇驗經》暮講師纂　繼大師註解

原文：**內砂飛。外砂顧，遠峰皆朝護。形勢若吉位雖凶，初下貧窮後發富。**

繼大師註：穴前近穴之山脈，無論青龍砂或白虎砂，條條砂向穴之前方直走，或斜飛而去，但穴前遠方群山朝峰環繞作羅城，近砂飛、反、走，皆主財走、人離鄉，但遠方群山有情來朝，故葬下初期貧窮，後至兩、三代發富，視乎有多少層山相隔始到遠方朝山，通常每層山主應一代的時間。

（二十一）《成家業斷》——《奇驗經》暮講師纂　繼大師註解

原文：**艮水來。入明堂，四水來朝（明堂大聚）發一場。巳與亥方水來去，抱身橫土長家邦。**

繼大師註：東北方（艮方）有水流來朝穴，流入穴前的明堂，穴前四面有水流入明堂滙聚（明堂大聚），主發富。巳（南方）與亥（北方）有水流，無論流來或流去，水流環抱穴前，路線成「橫土形」拱抱有情，家族定會興旺。

（二十二）《進契斷》——《奇驗經》暮講師纂　繼大師註解

原文：**進田筆。在下砂。送契燈下錢又賒。青龍頭上生牙爪，土角流金賒買家。**

繼大師註：穴之去水方為下關砂，如穴前右倒左水，左方是下關，有倒地文筆出現，筆尖向來水方，此為進田筆，可能由於倒地筆形，是在平地上，由高空往下看而像支筆的形狀，沒有竪立起的山丘或山峰作下關砂，關鎖生氣的力量不夠，故主與人簽契約賒借貸款。

穴上的青龍砂脈頭上，生出尖砂如牙爪，牙爪砂疏氣，關不住穴前生氣，故亦主向買家賒借。

（二十三）《**橫財斷**》——《奇驗經》暮講師纂　繼大師註解

原文：**土居艮，橫財招。坤申山水盡來朝。銀瓶盞注相連繞，金箱玉櫃富滔滔。**

繼大師註：無論正財或橫財，皆主穴位收得逆水而矣，有土形山在東北之艮位，艮為土，為財帛，易招橫財，當然穴向正確，及收得艮方吉砂為要。

穴之西南「坤、申」方，有山水來朝，穴前有像「銀瓶」之山相連繞，兜收逆水，穴前又有「金箱、玉櫃」之土形山丘出現，則主大富也。

（二十四）《血財斷》——《奇驗經》暮講師纂　繼大師註解

原文：**血財山。如牛羊。一似鯉魚跳上灘。再若匏瓜來抱向。臥蠶山見有千間。**

繼大師註：有土形山如牛羊樣子，謂之「血財山」，或似鯉魚跳上沙灘，有「匏瓜形」之山來抱穴，穴前出現很多如「臥蠶」的山。

「發血財」並非指「血光之財」，古書原義是指得六畜之財，以現代人來說，指宰割豬、鴨、雞、牛、羊等六畜生意賺錢，這行業都是屠宰有血有命的生物，所以稱「血財」。當代「血財」多指出售自己血液來賺錢。

「匏瓜」（匏音跑 pao）指所有的葫蘆，其形狀有長形、圓形、扁圓形及亞腰形等四種形狀，亦指梨形葫蘆瓜的變種。

（二十五）《出賢人斷》——《奇驗經》暮講師纂　繼大師註解

原文：**人秀麗。山峰尖。尖石排來下穴中。天乙太乙**（巽辛奇峯）**龍左右。此地必定產賢雄。**

繼大師註：所謂「山秀人秀」，有很多秀麗尖形山峰，在穴前遠方朝來，來龍左右是天乙、太乙方，即巽、辛方，有奇特山峰守護着龍身之左右，若是造葬得法，向度正確而值當元運，此地必定產賢雄。

（二十六）《出秀才斷》——《奇驗經》暮講師纂　繼大師註解

原文：**水木星。出生圓。穴輕貪狼無一端。金水兩星端正小。尖峰筆架也同看。**

繼大師註：穴前有水木星山峰，波浪形屬水，橫長形山屬於倒地木形星，或是矗立聳身頂略圓，亦屬木形貪狼星，水生木也，兩星相連作來龍，龍之出身星辰帶圓頭。

穴小龍輕，來龍金水兩星端正而細小，或穴前有尖峰之筆架形山作朝案，或在案山之側旁出現筆架形山，主有文彩，出秀才。

（二十七）《不及第斷》——《奇驗經》暮講師纂　繼大師註解

原文：**乾艮低。巽山缺。祿陷馬空人不捷。面前更見筆頭開。雖有文章不顯達。文章孤虛巽水斜。立志辛勤徒費力。**

繼大師註：穴之西北乾方，或東北艮方，其山低，東南巽方之山有缺，乾方為祿馬方，祿馬位凹陷，穴位面前更見文筆峰峰頂開叉，雖有文章而不顯達。若東南巽方有斜去之水流，方位又「孤虛」，「孤虛」者即在空亡煞線位上，雖然立志辛苦用功勤讀，但徒費氣力，不成功也。

據筆者繼大師之經驗，凡穴前可見之方有文筆峰，但在「孤虛」之空亡煞線位上，其後人之文筆雖好，但沒有創意及內涵，只能作抄寫及敍述之文章，以現代人來說，這只能當傳媒記者工作。

（二十八）《出仙斷》——《奇驗經》暮講師纂

原文：**劍印砂。兼香爐。乾坤艮巽筆峰嵯。龜鶴琴劍坤申地。天門橋鶴聖仙多。**

繼大師註：穴前有橫長山脈如劍，有印山出現（山勢環繞，中央有一圭峯，為印山。）穴前又有山如「香爐」，西北乾方、西南坤方、東北艮方、東南巽方其中一方，出現有嵯峨之文筆峰，在西南方坤申位，有山如龜、鶴、琴、劍等，則出聖賢仙佛等修真之士。附圖如下：

（二十九）《出醫師斷》——《奇驗經》暮講師纂

原文：**葫蘆砂。是醫家。藥弭砂見術堪誇。主山若還多秀麗，橘井傳芳定不差。**

繼大師註：穴前有山如葫蘆形，主出醫師，又有藥瓶、藥丸等砂物，主醫術堪誇，若來龍主山秀麗，則主醫師名揚四海。

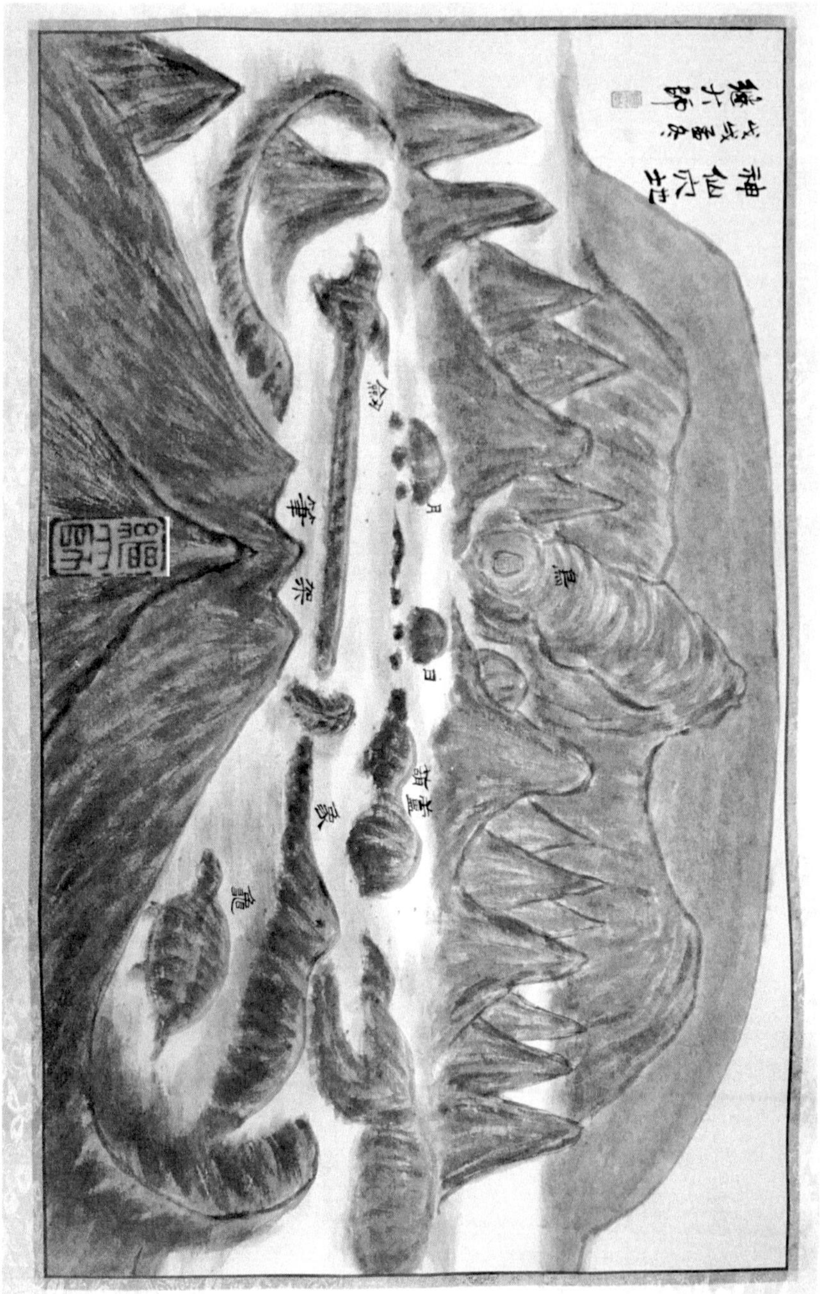

神仙穴地

透天文筆出狀元

三重筆架亦出狀元

五峰丹青筆架

五峰筆架

三峰筆架

三公筆

狀元筆

畫筆

法師筆

丹鳳文筆

原文：**水木星。亂亂生。文筆秀兮龍穴輕。筆斜案側真畫士。尖山雙燄出丹青。寅甲之方尖且側。延壽使計害昭君。**

繼大師註：穴前有羅城朝山是波浪水形，中有一竪起的木形山文筆秀峰，但星峰散亂，水星生木星，文筆峰秀麗而龍穴屬於小地，文筆峰傾斜，案山側，文筆尖山雙山如火燄，主出畫家。若在羅盤廿四山東北偏東之「寅甲」方出現尖而側的文筆山峰，主出毛延壽之類的畫家，用計陷害王昭君。

在漢元帝時（公元前48 — 33年），因後宮佳麗很多，故讓画師繪劃美女面形，然後根據圖劃美醜按召入宮，這些画工就利用職權，收受賄賂，給錢的人就畫漂亮些，不給錢的就劃醜一些。

王嬙（嬙音長，即王昭君。）是輪選入宮之中最美麗的人，因沒有給付画工錢，画工毛延壽就把她畫得很醜，所以王嬙並未被召入宮內，後來匈奴來議和，求一美人為閼氏（閼音焉，匈奴稱王后爲閼氏），漢元帝就把很「醜」的王嫱給了匈奴，上殿辭行的時候，漢元帝始發現王嫱是絕世美人，但聖旨已無法撤回，王昭君只好和番去了，漢元帝一怒之下，殺了那些給宮人畫像的画工，包括毛延壽畫師。

（三十一）《出商人斷》——《奇驗經》暮講師纂　繼大師註解

原文：**文曲路。出商家。財卑祿弱為商的。龍有車舟隨後行。水陸之商真富極。**

繼大師註：有很多彎曲的道路來朝，為九曲路，若彎曲路少，則財少祿弱，若來龍左右或後頭，有山如車舟伴隨，前方有九曲流水來朝，又曰「文曲水」，則出富商。

（三十二）《出雜藝斷》——《奇驗經》暮講師纂　繼大師註解

原文：**鶴爪砂**（不拘左右）**。藝多般。金斜木倒公輸看，曲尺鉗鎚出匠人。有龍無虎藝堪觀。**

繼大師註：穴前方有山形如鶴爪，主穴之後人有多般手藝及工藝，且技術高超，若山形圓金而傾斜，木形山又偏側不正，像「曲尺、鉗錘」（九十度之曲尺、鉗子及錘頭）則出工匠之人，穴位有青龍砂，而無白虎砂，則技藝堪觀，即是技藝平凡。

（三十三）《出雜藝斷》——《奇驗經》暮講師纂　繼大師註解

原文：**武曲斜。會唱歌。木星輕側見水多，貪狼歪腳頭搖擺，金水行龍唱哩囉。**

繼大師註：穴前有高聳的圓金形頂山峰，左右兩邊濶腳伸出，為之氣結星，若武曲山峰側斜而為穴之朝山，則出唱歌之人。聳身的木形山峰，星峰輕薄，側旁見波浪形的山，貪狼木形山峰歪腳，峰頭作搖擺之狀，金水形山峰或山脈作行龍，主很會唱歌。

（三十四）《出教唆人斷》——《奇驗經》暮講師纂　繼大師註解

原文：**右尖射，似牙刀。火木斜，詞訟刀。弭筆山尖非正格。**（案山雙叉或尖斜）**筆低案小教唆高。縱使文筆尖而秀。若居申地訟師豪。筆山又帶凶砂出。詞訟充軍定見招。**

繼大師註：穴位白虎右方砂尖射出，形似牙刀，即是尖砂尾端再生出一小尖砂，像是牙齒。火木形砂脈斜出，射向穴前明堂，像刀子一樣，名「詞訟刀」，即「訴訟刀」，弭筆山即尖峰山，山頂頂部是兩個小形尖峰，這非正格。

文筆峰低，而案山小，主出教唆之人。縱使文筆尖而秀。若居廿四山之「申」方，出訟師（律師），若文筆峰帶凶砂，如腳下有巉巖石塊、破碎或歪斜等，則出訟師犯刑法而入獄。

（三十五）《出僧道斷》—— 《奇驗經》蓍講師纂 繼大師註解

原文：**丑未兼辰戌，孤峰如頂笠，缽盂錫杖見真形。魚在東方僧道出。手爐案山出僧道。巨門拱照及廉貞。辰戌丑未山頭殺。筆尖山下小峰生。箬笠山。僧道招。幢幡寶蓋鐘鼓照，旛花賢僧出。**

禮佛悟玄高。巽癸水交流。數峰相串出僧儔。頭垂蕉葉樣。土星重疊亦僧流。金星腳下生。浪腳為僧極好遊。

繼大師註：孤獨的行龍，穴星是孤峰如「頂笠」的僧帽，穴位又是羅盤中廿四山之「辰、戌、丑、未」向度，有砂如「缽盂、錫杖」，或有砂如「魚」在穴之東方出現，主出僧道，穴前有砂如手爐形的案山，主出僧道。

穴前有平土形山（巨門星）拱照及火形山（廉貞火星）在「辰、戌、丑、未」方，砂如尖筆，山下有小峰生出，有山如「箬笠」（用竹做的尖頂帽子），後方有砂如「幢幡寶蓋」，左右有「鐘鼓」之山，砂如旛花，出得道聖賢高僧。

廿四山中的「巽、癸」兩水交流，有數峰相串出僧儔，有山如「頭垂蕉葉」樣，有土星重疊亦出僧道之流，若山腳長，腳下生出圓金形星，為僧極好遊。

（三十六）《出吃齋斷》——《奇驗經》暮講師纂　繼大師註解

原文：**四墓山，照塚宅。辰戌丑未水兼入。若逢祿陷**（艮方低）**乾離低。手爐山見無血食。**

繼大師註：「四墓山」即羅盤中的「辰、戌、丑、未」方有水流入或有山峰守護穴地，廿四山之「乾、離」一方低陷，前方有山如「手爐」形，主出吃長齋之人。

（三十七）《旺丁斷》——《奇驗經》暮講師纂　繼大師註解

原文：**金星照**（對面圓金形星拱照也）**。旺人丁。明堂廣闊左右生，更喜龍虎俱寬抱。山頭疊起且多情，山勢猛亦旺人丁。陰陽比和少風生。餘氣鋪張**（有氈唇）**山不割**（山有餘氣，水不割脚）**。水蔭蝦鬚砂有情。**（有水蔭腮，曰「蝦鬚」。高低相稱灣抱顧我。曰「有情」。）

繼大師註：穴前有圓金形山丘拱照，主旺人丁，穴前明堂廣闊，左右有龍虎脈砂寬抱，前山山頭疊起拱抱穴場而有情，來龍山勢猛，頓跌起伏而來，主旺人丁。穴前山環水抱，生氣凝聚明堂上，氣聚則少風生，穴前有餘氣，有平地成氈唇，沒有割腳水，穴之左右砂脈長成「蝦鬚」而有情。

（三十八）《出長命人斷》——《奇驗經》暮講師纂　繼大師註解

原文：**乾峰山。出壽考。丁山丁水砂，若還丙丁水來朝，主多白髮老人翁。**

繼大師註：穴位的廿四山西北乾方有高峰出現，或南方後天離宮「丙丁」水來朝，主出長壽人。

（三十九）《雙男斷》——《奇驗經》暮講師纂　繼大師註解

原文：**金雙乳。出雙兒。**（太陽金星開口，而又有雙乳。）**前後相連金水星。**（接連相生）**若見面前雙峰出**（或雙山）**。又兼山後雙氣形。**（兩脈也）**子癸水朝迎**（子癸二方，有水來去。）**雙生女子真。更兼廳堂兩牆直。主山是土對火星**（主山是巨門，對面火星照也。）**。開門若有雙溝入。斷他必定主雙生。**

繼大師註：穴前方在可見範圍內出現圓金形的雙峰，在左右或前後相連，或金形山丘相連而成水形星，主出雙兒。若穴的山後來脈是雙脈雙形的山丘，廿四山方中的「子、癸」水來朝迎，皆主雙生。陽居廳堂兩牆直，後靠主山是平土山，朝山是正對尖形火星山峰，大門左右若有雙溝水流入，主雙生。

（四十）《雙女斷》 — 《奇驗經》 暮講師纂 繼大師註解

原文：**陰氣盛。多生女。龍裙蝦鬚又不明**（無界水也）**。一片平地皆屬水。文曲**（水星）**開口雙女生。**

繼大師註：沒有地氣而陰氣盛，多生女兒，龍脈餘氣沒有緩衝地方，左右界水不明顯（無界水也），一片平地皆屬水。波浪形山丘相連，文曲水星開口，主雙生女。

（四十一）《雙妻斷》 — 《奇驗經》 暮講師纂 繼大師註解

原文：**兩樣樹。在門邊，溪池娥眉居面前，東西更兼堂屋列。雙妻雙妾有何言。**

繼大師註：陽居大門左右兩邊有不同的大樹，左右亦有鄰屋作守護，又前方有溪水或水池似娥眉月形，主有雙妻。

（四十二）《少出人丁斷》──《奇驗經》暮講師纂　繼大師註解

原文：**筲箕體。少人丁。孤陰**（脈頑硬不化是也）**蝦鬚合不明。**（前無合襟水而散漫也）**穴無高低返上路。屋大井小兒不生。兩邊高壓如何斷。子孫半個不留身。無餘氣。子孫稀。兩水合簷無丁餘。水破天心男女少。神前佛後亦如此。**

繼大師註：山形為「筲箕體」，即是來脈的山丘像筲箕，整個山丘拱突而飽滿，突脈屬於陰，左右界水不明顯，脈未化也。穴前有反弓形的路出現，陽居之屋大，而天井小，兩邊有建築物高壓主屋，或沒有明堂，或兩水合於穴前並沒有平地作餘氣，前堂淺窄，明堂為「子孫托」，或穴前有水沖前案之砂脈，或水沖破明堂，或陽居建於寺廟附近，這種種情況，都主沒有子女生，或人丁稀少等。

（四十三）《有子無父母斷》——《奇驗經》暮講師纂　繼大師註解

原文：**餘氣鋪。坤上低。更兼乾上有風吹。**（乾爲父。坤爲母。）**艮震高。巽兑缺。後瓦流長父母虧。**

繼大師註：穴在廿四山之「坤」方低陷，「乾」方有風吹來，又「艮、震」方高，「巽、兑」方有缺口，祖墳穴後靠平脈而山低，只靠像「仰瓦」的橫長山脈，為靠空也，主父母短壽。

（四十四）《多生少養斷》——《奇驗經》暮講師纂　繼大師註解

原文：**無蝦鬚。無護砂**（砂短水淺氣散）**。娥眉山見女連連。竹木為園不見屋。巽兑初月卻無男。臥房要端方。缺角多女郎。左右凹陷并陰蔽。後面欹斜生女常。**

繼大師註：穴之左右無長脈守護，左右之長脈名「蝦鬚」，若無護砂或砂短，又有山丘像「娥眉」樣子，即半月形，多主生女，屋之四週有竹木圍繞而不見屋。在「巽、兑」（東南及西方）主無男丁。

家居臥房

要端正，長方或正方形均可，若屋子有缺角，則多生女郎，房子左右凹陷并陰蔽，屋後面有欹斜之山，則常生女。

（四十五）《婦不生斷》——《奇驗經》暮講師纂　繼大師註解

原文：**巽高無子生。離兑孤峰孕不成。東西若到堂廳屋。正母無生妾有妊。坤上栽花並池沼。縱有妻妾子螟蛉。**

繼大師註：羅盤廿四山後天「巽」宮東南方高則無子生，南方後天「離」宮及後天西方「兑」宮有孤峰，則孕不成，「東西」指「巽」方及「兑」方的孤峰，若在屋之廳堂外出現，則正母無子生，妻妾可以生子。在西南後天「坤」方上栽花並出現池沼，縱有妻妾，始終會有養子。（「螟蛉」即養子。）

（四十六）《損少子斷》——《奇驗經》暮講師纂　繼大師註解

原文：**小池窟。損少丁。水若淋頭兒不齡。沖心射腮男女夭，拭淚搥胸死不停。**（或屋或沙。面前如拭淚搥胸樣。）**哭字頭**（明堂有兩池）**。多夭折。**

繼大師註：陽居屋前凶方有小水池，收煞水，左邊為一四七房，中間為二五八房，右邊為三六九房，會損丁或人丁少。無論陰陽二宅，穴後方有水沖來名「淋頭水」，主有子難養，及易出現亂倫現象。

前方有水沖心或射腮，「腮」指穴位之左右方，主男女夭折，前方有砂脈從穴之左或右方繞到穴前明堂處，但脈端如拳狀，從穴上看去，如「拭淚、搥胸」。

拭淚者，在穴上往前方看，前案之高度至眼部，像抹眼淚一樣。「搥胸」者，穴前左或右方有砂脈繞到穴前中間，並生出如拳頭形狀的小山丘，像搥胸一樣。「哭字頭」者明堂有兩水池，如一個「哭」字，主人多夭折。

原文：**前塘後塘人丁滅。流破冠帶齠齓亡。破了臨官家丁絕。**（冠帶臨官流破極凶。）**兩邊池水大**

浸門，灰舍田園兒不吉。前屋高。後屋底。其樣必損少年兒。高昂白虎明堂看。堂後粉牆不可居。（堂後有一條圍牆。）

繼大師註：陽居的前後方有魚塘，主人丁滅。水在十二長生水法中的「冠帶」方則「齠齔」亡。

（註：齠齔音橋趁，兒童乳齒換恆齒。齠，通「髫」指七、八歲的稚齡，或泛指幼年時期。「齠齔」是開始換牙的年紀，乳牙脫落換長爲恆牙。）

陽居的兩邊有水池，水氣浸門，沒有田園美景，前屋高，後屋底，有欺壓之勢，易損少年人，亦主幼童亡。若壓於凶方則敗，壓於吉方則吉，視乎方位而定吉凶。陽居白虎方高昂，後方有高牆，外是明堂，則不可居，這是一般的固定格局，但亦有例外，機會率是一半一半。

（四十七）《螟蛉子接脈斷》──《奇驗經》暮講師纂　繼大師註解

原文：**癸門路。抱養兒。懷抱圓峰螟蛉隨。捲簾水見填房子。孤房獨屋蜾蠃兒。前屋闊。後尖小。入舍填房義子有。樓屋獨居螟蛉兒。廳前水閣抱養子。**

繼大師註：在羅盤廿四山的北面「癸」方有門路入屋，主抱養兒子。穴前方明堂懷抱有圓峰，主應「螟蛉」隨，「螟蛉」即養子。陰墳或陽居前方是平地，漸遠漸低，則名「捲簾水」，主敗財，及出填房子。單獨的「孤房獨屋」則如「蜾蠃」。

註：土蜂又名蜾蠃，「蜾蠃」音果雷，又稱之為「冏䧳」，細腰之蜂類，屬於純雄性而無雌性，不交不產，寄生在生果中的一種蜂，常在泥土或牆壁上，或在樹上築巢做窩，捕食螟蛉小蟲存在窩裏，留作將來自己幼蜂蟲的食物。

陽居前屋闊，後屋尖小，則聚填房而帶義子入住，樓屋單獨一間居住，廳前近方有水，沒有平地隔開水氣，則抱養子。

（四十八）《重妻損妾斷》——《奇驗經》暮講師纂　繼大師註解

原文：**逢五度。祿存峙**（辰方上的土形星丘）**。癸上門路聚重妻。坐子向午未上進。犯了羊刃亦如之。陰人長病損妻室。只因屋後有陂池。前有水池娥眉樣。父子代代主雙妻。東有屋缺西井灶。**

連剋妻。地斜一邊少。北路沖堂少耆頤。天井深。守空房。虎利（白虎方尖利）**沖墳妻早亡。右邊巷路動**（白虎受傷）**。主山尅右不可當。金角出火君須避。橫山如水損妻房。**

繼大師註：在羅盤廿四山的東南「辰」方有「祿存」平土形山相對，北方廿四山的「癸」位有來氣門路，主娶重妻，坐子向午兼癸丁，亦如是。

屋後有池塘，主疾病及損妻室，屋前有水池破局，如娥眉一樣，亦主雙妻。一般以坐北朝南計算，陽居之東面有屋，西面作廚房，外有天井，為缺口，主剋妻，換句話說就是白虎（右邊）有缺。

陽居建在斜坡地之上，一邊有缺，北方有路沖明堂，這種情況下夫妻很少會百頭到老。若是天井深，女性則易守寡。

祖墳右方（白虎）有尖利的砂脈沖墳，主妻早亡，右邊有巷或路沖來，又主山尅右方之砂，如主山穴星是圓金形，穴前平托之下拖出火咀，為火尅金，必須把火咀剪去，前方橫山波浪形如水，這些都主損妻房。

（四十九）《墮胎斷》——《奇驗經》 暮講師纂　繼大師註解

原文：**披連煞**（闊平斜趨。氣不聚而屬水。）**不可裁。堂內圓墩堆凸來。胎息露風龍虎短**（漏胎也）**。壬子癸印不宜孩**（印砂壬子癸丑主墮胎）**。天井下面有水井，腳下小墳俱墮胎。**

繼大師註：「披連煞」為闊平之地而傾斜而去，地氣不聚之處，亦容易犯水煞。明堂內中間有突出的圓墩山丘堆凸來射穴，或射向陽居大門，主墮胎。

無論陽宅或陰宅結地，其來龍脈氣「收放」之處，左右有坳風吹來，謂之「胎息露風」，兩山相連之間的凹位，有風吹來射穴，為之「坳風」即是「凹風」，凹峰中間有風煞吹來，故凶，而左右龍虎護脈短小，包不過中間主脈，此謂之「漏胎」。

印山在北方，羅盤中之廿四山「壬子癸」位，及陽宅天井下面有水井，主容易墮胎，筆者繼大師認為這個要講墳穴或陽居的方向是否失元而定，穴前中間腳下有小墳塞住，俱主墮胎，這與穴前明堂正中央有山丘出現的情況相同。

（五十）《寡婦斷》——《奇驗經》暮講師纂　繼大師註解

原文：**後強急。太陰深**（房甚長及陰暗）**。左殺風來**（左邊有風吹）**虎利刑**（虎砂尖利沖墳）。**陽局坦平陰反盛**（暗房是也）**。右聳**（白虎高）**案迫**（前近高強）**主低平。**

廳高兮。堂屋矮。一家婦女少夫君。**荼槽**（面前水溝）**殺夫刀。流通四庫出寡婦**（水流辰戌丑未）**。**

坤上峰高坤水入。前朝崩破寡難逃（朱雀破頭也）。

繼大師註：後方有直長之房屋頂著陽居，房甚長及陰暗，沖射陽宅後方，大凶也。房屋長木形，太長則陰深，不吉，屋或墳之左邊有風吹，主大房凶。右邊白虎方有尖砂沖墳，主傷三房。

陽局坦平，脈散無氣，無地氣之地多生女，右方白虎高，案山高而迫近，主位低平。廳堂高而明堂之屋矮小，主應一家大部份是女人，男丁少。

面前有逼近的水溝，稱為「茶槽」，水溝形如橫放的尖刀，流水流向羅盤廿四山的「辰、戌、丑、未」方，主出寡婦。西南「坤」方有高峰，又有水流從「坤」方流入，前方朝山有崩破，此為「朱雀破頭」，難逃孤寡的命運。

（五十一）《子隨母嫁斷》——《奇驗經》暮講師纂　繼大師註解

原文：**龍虎山。如擺出。門前有井水返出。塚宅癸丑二水朝。隨母改嫁志宗戚。**

繼大師註：陽居之龍虎山山脈在左右擺出，門前有井水返出，即反弓水。陰宅祖墳在羅盤廿四山的「癸丑」方有二條流水朝來，主隨母改嫁及改姓。「癸丑」界線為兩儀交界之位，黃泉八煞之一。

（五十二）《寡母斷》——《奇驗經》暮講師纂　繼大師註解

原文：**對倉屋，左右邊。前迫後破守空房。前後牆圍受水氣。孤陰後隱夫早亡。兩大一小屋。寡母家中代代有。墳屋若有大路沖。孤房寡母悲無窮。**

繼大師註：陽居有「倉屋」（貨倉。）在左右邊，前方迫壓，後方靠空，有風從後方吹來，風吹頭，主出寡婦。這是一般的看法，若合坐空朝滿格局則大旺。陽居前後方有牆圍起，生氣被截，受水氣所侵，主夫早亡。小屋在中間，兩大屋在左右相夾，祖墳或屋宅若有大路正沖，主出寡母。

（五十三）《婦女管家斷》──《奇驗經》暮講師纂　繼大師註解

原文：**龍虎上。開小門。婦女持家有聲聞。坤上峰高女掌事。流通四庫陰主人。**

繼大師註：陽居在左右方開小門，婦女持家有道，陽居在西南「坤」方有高峰，主女人掌事，生氣或水氣流通在「辰、戌、丑、未」四庫上位，蔭婦女管家。

（五十四）《孤寡斷》──《奇驗經》暮講師纂　繼大師註解

原文：**龍虎壓**（左右欺主）**。無護胎**（露風也）**。地無餘氣孤寡來。穴裡幽深如坐井**（四圍高壓）**。玄武吐舌不可裁。斜飛射屋孤且寡。獨樹孤屋一同災。內掘池塘為洩氣。財離孤寡苦哀哉。巍然高聳在右邊。木星乾兌孤寡纏。白虎孤曜體在右。墳宅無左亦同然。**

繼大師註：陽宅左右龍虎高壓，左右無脈守護來龍胎息，穴位前方地脈無餘氣，沒有平托兒收餘氣，主孤寡及子孫稀少。穴位四週被圍起來，幽深如坐井，亦主孤寡。

穴之後方高聳直立而欺壓，則不可用，有路或流水斜飛射屋，主有孤寡及凶險之災，一排相連的房屋，隔了一些空間，而出現單獨孤立的房屋，亦主孤寡，屋內掘池塘為洩氣，主敗財孤寡。

陽居右方白虎位是凶方，有山或大廈高壓，主孤寡，有聳身的木形星峰在西北「乾」方及西面「兑」方欺壓，亦主孤寡。陽居或祖墳在右邊白虎方的山脈頂，獨有大石一塊，壓迫着穴位，名「孤曜」，墳宅無左方護脈守護，亦同一樣孤寡。

（五十五）《出孝順兒斷》——《奇驗經》暮講師纂

繼大師註解

原文：**玉帶水。出順兒。山山拱顧主山奇。龍降虎伏無相競。兩岸開睜不攛飛。左右比和鬼回挽。白虎如綿戲綵衣。**

繼大師註：陽居或陰墳前方有水流順弓形拱抱穴方，為「玉帶水」，主出孝順兒，穴前眾山皆拱護穴場，山峰奇特，左右邊龍虎砂來朝伏穴場，左右護脈高度相等，相對有情，皆吉祥。左右兩旁砂脈開睜，尖角向外，砂脈不直走竄飛，主蔭權力，左右護砂大小對稱為比和。「鬼」者為連接穴星後方所拖出的脈，由穴星後方生出之左右脈彎曲內抱，此為之「孝順鬼」，出孝順子女。白虎砂如綿衣，主食祿豐足。

（五十六）《不和斷》——《奇驗經》暮講師纂

繼大師註解

原文：**兄弟不和平。廉破兩相爭**（廉貞與破軍相射）**。龍虎門頭家不睦。白虎拖槍事可驚。青龍首投河。弟持刀殺哥。門路白虎進。屋宅亂難和。橫樓欺堂屋。屋枉灣若何。**

繼大師註：穴之左右護脈端位生出山丘像拳頭互相對峙，為「龍虎相鬥」，主兄弟不和。無論陰陽二宅，右邊有雙水或雙路交會，然後橫過前方，在穴場見右方有尖角形由右方橫射向左方，此為「白虎拖槍」，主有凶險。

左邊青龍砂如人之頭部投入水中，主弟持刀殺哥。門路由右邊白虎方進入，屋宅難和氣，前方有橫長大廈高壓，就算屋形是灣曲拱抱卻是凶。據筆者繼大師經驗，這要配合方向而定吉凶。

（五十七）《出不孝兒斷》——《奇驗經》暮講師纂

原文：**背水城。**（水路反弓）**不可求。左右齊直性不柔。無情破軍山背去。**（金星帶石反去）**龍虎交牙父子仇。正屋小聳高。堂低夾樓鐃。餘柱勝棟柱。門前獨樹招。圍壍口**（溝渠口）**。向門中。媳婦原來罵阿公。獨山墳宅俱為惡。腳下墳堆忤逆凶。山頭卻似牛頭樣。右為欺母左父翁。龍虎開口如何斷。代代兒孫打祖宗。**

繼大師註：陽居或陰墳前方有水流由左或右橫過反背穴場而去，水路反弓，此種地方切不可找。左右二砂齊齊直走及反弓水，居住之人，其個性不顧家，不孝順。

石山無情，為「破軍山」反背而去，左右砂脈相交如牙齒，相對互鬥，謂之「龍虎交牙」，父子關係反目成仇。

正屋小而高聳，明堂低，四週夾着很多屋，正屋之支柱多而粗，大於主要的棟柱，屋門前有大樹正對，又有溝渠口正向大門，主媳婦罵阿公（家翁）。

獨自一個山，內有墳宅，前方腳下有墳堆，主後人忤逆。這個要看向度而定吉凶。山形似牛頭，在右方主欺母，在左方欺父。又龍砂或虎砂有缺，像人開口，代代兒孫打祖宗。

（五十八）《誣賴漢斷》——《奇驗經》暮講師纂　繼大師註解

原文：**虎唧屍**（白虎開口）**打殺人。中上風路及深坑。後面破軍如石山。對面倒屍誣賴真。**

繼大師註：無論陽宅或陰宅，右邊有砂脈缺如口，為「白虎開口」，主打殺別人。羅盤廿四山西面「申」方有風吹來，及有深坑，穴後是石山，對面有山如倒屍，主出誣賴。

（五十九）《奴欺主斷》——《奇驗經》暮講師纂　繼大師註解

原文：**左右砂。壓與逼。龍虎欺主奴惡極。椽頭若架小樑頭。大屋高堂強婢出。穴前砂倔起。奴婢常欺主。穴處孤單案砂多。摸背捱肩奴無理。高𡽀巍然左右邊。堂聳廳低奴無禮。**

繼大師註：無論陰陽二宅，左右有山或建築物高壓逼近而高聳，後方主山低或靠空，為「龍虎欺主」，奴僕惡而欺負主人。

「椽」是中國古代的房子，裝于屋頂以支持屋頂蓋瓦片材料的木桿，椽之木桿頭若疊架着小樑頭，屋前明堂高出，則出強奴婢。穴前有砂倔起。奴婢常欺主人。

穴處孤單，只有穴星一山丘，後方是一片大平地，穴後受風吹，此為之「孤寒」，橫案砂多，奴僕無理，左右邊高聳欺壓，堂局高，廳堂低，奴僕無禮。

（六十）《女專權斷》——《奇驗經》暮講師纂　繼大師註解

原文：**巽高女有權。坤高不可言。兌離皆高聳**（兌離方有高山或高大的建築物）**。通庫奪夫權。白虎山頭圓峰起。老公常受老婆拳。堂廳俱大門樓小。陰人權大亦與前。**

繼大師註：東南「巽」方高，女人有權，西南「坤」方高亦如是，西方「兑」南方「離」皆高聳，有高山或高大的建築物，妻主財政及其他事情都奪夫之權，右邊（白虎）山頭有圓峰突起，老婆常打老公。陽居之堂廳大而門樓小，女人權大與前同論。

（六十一）《反目斷》——《奇驗經》暮講師纂 繼大師註解

原文：**乾峰高。巽方低。艮震山雄離兌微。又見門枋若斜倚。定主夫婦不相宜。**

繼大師註：西北「乾」方高聳，東南「巽」方低，東北「艮」方及東「震」方山峰雄偉，南方「離」，及西方「兌」低，又見圍門或大門左右邊之門框斜倚，主夫婦不和睦。

（六十二）《女人桃花斷》——《奇驗經》暮講師纂 繼大師註解

原文：**怪樹文曲方。腫頭腫尾亦不祥。明堂祿存樣。門前水反亦淫娼。兩路直去女淫奔。面前古井及牽裙。**

繼大師註：門前側有垂直波浪形的樹，如葵樹、棕櫚樹、椰子樹等，頭尾腫中間窄，明堂不規則的方土形，即「祿存」土，門前有反弓水，主女性淫娼。

左右兩旁有兩路直去，主女淫奔，面前有古井及「牽裙砂」，即左或右有脈橫抱到前面，其砂脈尾略尖，其勢如人之手，像挑起裙底一樣，主出邪淫之人。

原文：**陰陽二宅斜返勢。抱頭山現亂紛紛。脅下水多花**（龍虎有池水）**。山如覆杓亂君家。獻花露體斜飛地。鴨頭鵝頭總不佳。**

繼大師註：陰陽二宅出現水流有斜返之勢，前山像兩個人互相抱頭一樣，左右兩邊近方有水池，此謂之「水割脇」，山形如翻覆的杓，或如「獻花露體」的斜斜地走離穴場，或山形像「鴨頸、鵝頭」等，均出邪淫之女人。

原文：**金星破碎多情欲。桃花水見女貪花。樑棟雕花門外井。四敗傷生子不明。水星當面見。招郎母莫禁。龍虎二山隨。養女被人迷。**

明堂大嘴葫蘆象。又懼坑井樹相堆。白虎若有交加路。女子貪花去不回。祿存貪。女淫慾。入見水中木。明堂宛似裙。頭馬腿牛肫搖酷。便門連大門。要與別人宿。

繼大師註：圓形山丘或山峰屬於金星，若破碎則多情欲，「子、午、卯、酉」方來水為「桃花水」，主女人貪欲，屋內樑棟雕花，及門外有水井，「桃花水」為四敗流破長生位，廿四方位內的煞方，煞水當面見，主女招郎入室。

左右有二山相隨直行，若有養女，易被人迷惑。前面明堂像葫蘆口一樣，切忌有坑井或樹木堆塞。陽居門外右邊（白虎）若有馬路相交，主女子貪花，易離家出走。

山峰祿存土星被貪狼木星所剋（木剋土），主女人淫慾。入見水星山嶂中出現木形峰豎立，水生木，明堂似裙形，山形似馬頭、牛腿及牛肫（牛之面頰），搖頭擺腦得激烈，便門連大門，即是大門之中有小門，亦出邪淫之人。

（六十三）《男人桃花斷》──《奇驗經》暮講師纂　繼大師註解

原文：**內井水。放桃花。金星水見子貪花。面前捲簾案山側。舞袖斜身水又斜。**

繼大師註：天井內有水池，或屋內有井水，放上桃花，圓金形水流反弓，面前一片平地，水氣向前方走，為之「捲簾」。穴前案山側，像跳舞時之衣袖擺動一樣，水流又斜斜地走離穴位，主男人桃花。

（六十四）《寡婦淫慾斷》——《奇驗經》暮講師纂　繼大師註解

原文：**白虎路。多返形。文曲牆高迫近身。前漲後幽夫夭折。婦人無恥亂人倫。**

繼大師註：右邊白虎方有反弓路，波浪形頂之圍牆為「文曲牆」，高壓迫近屋門，前高壓，後方空蕩，丈夫多先亡，婦人淫亂。筆者繼大師認為要視乎向度及方位而定吉凶。

（六十五）《淫亂爭風斷》——《奇驗經》暮講師纂　繼大師註解

原文：**兩岸山。隔風征。**（兩邊或山或屋或樹。相對高起。中間空處有風進來是也。）**常見歪斜搖擺形。縱是良家賢女子。床中常伴兩男人。**

繼大師註：陽居左右兩邊有山或屋或樹，相對而高起，中間空隙處有風進來，常見歪斜搖擺的樹形或山形搖擺，主出女人淫蕩。

（六十六）《醜婦斷》——《奇驗經》暮講師纂　繼大師註解

原文：**太陰金。石嵯峨。到頭鰲石**（石如鰲形）**醜婦多。金居坤地如斜側。十個妻兒九似魔。**

繼大師註：半長圓彎形山，即娥眉山，是為「太陰金」，上有嵯峨石塊，近穴之處有石如鰲形（鰲音別，形像海龜。），主出醜婦。圓金形山居西南「坤」方之地，如果山形側斜，主出醜陋妻女。

（六十七）《愚頑斷》——《奇驗經》暮講師纂　繼大師註解

原文：**山粗厲。出愚頑。龍無起伏勢巉巖。左右若還都斜逼。主山兇烈讀書難。放去水。怕長生。四山高大小水城。一重案外如深井。水星坤艮欠聰明。**

繼大師註：山勢粗頑多大石，來龍無起伏之勢，山脈巉巖，在穴之左右斜斜逼近，來龍主山剛烈，出人不想讀書。

穴前子孫托上造人工水口，或陽居大門外有水口蓋位，在旺方位出煞，穴前四正之山高大，前方有小水流作波浪形地順弓環抱，有一重案山，外有凹坑如深井，波浪形的水流在西南「坤」及東北「艮」方，則欠聰明。

（六十八）《懶惰斷》——《奇驗經》暮講師纂　繼大師註解

原文：**面前砂。如蜒蛐。左右兩邊不起頭。土星腳下如水浪。生下兒孫懶似牛。**

繼大師註：穴前有山如蜒蛐（蜒蛐又名蚰蜒，俗稱草鞋蟲、香油蟲、蓑衣蟲，屬多足節肢動物，體長三至六公分。），左右兩邊平而不突起，穴後是平土山穴星，穴的腳下有摺痕如水的波浪，主後代兒孫懶惰。

（六十九）《出貧斷》——《奇驗經》暮講師纂　繼大師註解

原文：**順水砂。泱出貧。山走砂飛水反身。明堂簸箕窮到底。前逼後逼米無盈。廳堂廊屋不相接。金居離地主孤貧。**

繼大師註：穴之位置高，前面明堂低平，沒有任何山脈關攔，或有水流或山脈條條作「川」字形直直或斜直地走離穴場，水或山脈反弓而去，明堂似簸箕。（註：簸箕是揚米去糠的器具，或是掃地時盛灰土的用具。）主窮到底。

陽居前逼後逼，主貧窮，屋內廳堂與屋內走廊不相接，圓金形山丘位於南方「離」火之地，主孤貧，因為火來剋金。

（七十）《欠債斷》——《奇驗經》暮講師纂　繼大師註解

原文：**龍虎身。多破缺。山似南箕屋斜側。前山破碎更返飛。兒孫結債何時歇。**

繼大師註：左右龍虎山脈多破缺，山似「南箕」——星名。（南箕指箕星，因在南方，故稱爲「南箕」。）屋子又斜側，前山破碎更返身斜飛而去，主兒孫結債。

（七十一）《乞食斷》──《奇驗經》暮講師纂　繼大師註解

原文：**綠豆形。出乞人。辰戌山高塚宅深。負袋捉包墦外客。東方常見產齊人。提蘿山。出乞食。又見龍虎不灣直。**（山不抱且直）**亥山**（陰風之地）**風路叫沿街。**

繼大師註：穴之主山像綠豆，出乞巧，羅盤中的廿四山「辰、戌」二方有高山，塚宅建在深坑處，像睡袋包着墦一樣（墦即是墳墓），主出多妻之乞兒。

穴前有山像「提蘿」，無論穴之左或右方，有山脈如人伸出之手，側有山丘如蘿，謂之「提蘿」，主出乞食之人，又見左右龍虎山脈不灣而直去，在羅盤中的廿四山北面的「亥」方，主出乞兒。

原文：**砂水反開墦間客。八門山缺八風吹。雖在朱門無衣食。朱雀山。似芭蕉。提籮執碗沿街討。更兼兩山若鼓搥。求衣乞食高聲叫。朱雀山。似虎仔。青龍山首數月形。死屍若在前山出。墳邊伸手弄猴猻。**

繼大師註：穴前砂水反弓背穴，八方山峰間有缺口，八風吹穴，雖生在富貴人家，但無衣食。前方山，形似「芭蕉」，又有「提籮」山，主出乞巧，兼有兩山，形如「鼓搥」，主出乞巧求衣乞食高聲叫。

穴前山形似虎（中間部份略成平土的祿存土星），左邊有山，如月形，若有像死屍之山在前方出現，墳邊有山如伸手之狀，亦主出乞兒。

（七十二）《出賊斷》──《奇驗經》暮講師纂　繼大師註解

原文：**細刀砂。**（返砂順水尖利是也）**前後夾。背後小山頭探出。一山伸腳在墳前。旗在魁罡能挖壁。午申辛水向辰來。做賊劫人焉肯歇。**

面上砂。如牛軛。辰戌山高壓墳宅。案山微微少露頭。行龍死賊梁上客。青龍白虎頭帶刀。後為強盜先為賊。火星斜走飛。世出盜劫賊。更看兩水夾案峰。前有鉤鉤賊夥結。

繼大師註：穴前有反弓的砂脈，形似尖利的小刀，刀頭近穴，刀尾離穴兩去，在穴場前後或左右相夾，順水走離穴場，前後有山相夾，背後又有小山露出，此為「頭探砂」。在墳前有一山伸出像腳一樣，有旗山在魁罡位（在羅盤廿四山之「辰、戌」二方為「魁罡」位。）出「挖壁」之人，「挖壁」即偷竊之人，指盜賊。

羅盤中廿四山方之「午、申、辛」水流向「辰」方來，出打劫之盜賊。穴靠之山丘像牛軛，「牛軛」（軛音厄）是架在牛肩膀上的器具，方便牛用力拉動犁耙，是半月形狀，羅盤中廿四山方之「辰、戌」方又有二山高壓墳宅，前面案山後方微微有少少露頭，此為之「探頭」，主出盜賊。「辰、戌」方為天羅地網位。

穴前左右方（青龍、白虎）之砂脈，其頭尖長，像刀子一樣，主出盜賊，前方兩水相交，在穴前方斜飛走，亦出盜賊。無論向左或向右方過，兩水相交的中央橫放的尖形火星，中間夾着案峰，前有砂脈像「鉤」，主出盜賊聯盟結黨。

（七十三）《賭博斷》——《奇驗經》暮講師纂　　繼大師註解

原文：**十字路。賭博家。面前更看打掌砂。寅午風路靴鞋脫。印居寅甲**（印砂居寅甲）**樗蒲**（樗音書）**誇。**

繼大師註：穴前有十字路，更看見「打掌砂」，（山丘像手掌一樣），羅盤廿四山中的「寅甲」界線方及正「午」方，方位與黃泉八煞相同，有凹風吹或路沖之煞，主多病及貧窮，及其主要山峰出現在羅盤廿四山中的「寅甲」界線方，主出賭徒。（樗音書，樗蒲者，指賭徒。）

（七十四）《戀酒斷》——《奇驗經》暮講師纂　繼大師註解

原文：**莫插柳。出顛酒。貪酒卯水流過酉。水星水腳俱水形。終日貪杯沒分曉。臥房內。養畜牲。兒孫好酒不方寧。更有豬欄向門外。門前斜坳醉昏昏。**

繼大師註：墳前或屋前切莫插柳，羅盤廿四山之正東面「卯」方有水流流過西面「酉」方，主出人貪酒，正「卯、酉」為黃泉八煞方。波浪形山丘的「穴星」屬於「水星」，其山腳下亦是水形，主終日貪酒。陽居在臥房內養畜牲，主兒孫好酒。陽居門外正對豬欄，又陽居建在斜坡上，門前斜向左或向右，亦主戀酒。

（七十五）《出惡斷》——《奇驗經》暮講師纂　繼大師註解

原文：**主勢強。凶砂見。粗頑凶湧生強漢。左右又有鴨嘴砂。擎拳拱勢凶徒見。**

繼大師註：主山形勢強大。山勢陡斜峻峭粗頑凶湧，主生強漢，左右又有山如「鴨嘴」及擎拳拱勢，主出凶徒。

（七十六）《出屠劊之人》（附廚子）——《奇驗經》暮講師纂　繼大師註解

原文：**四金刀。屠劊手。案上抛刀殺豬狗。案下抛刀兼辦廚。刀居曜地梟人首。火星抛火如何言。屠牛宰馬人兼有。**

繼大師註：穴前有橫山如刀，橫刀之山出現在穴之正前方為「刀案山」，若刀尖形亂為「賊刀」，若刀形平，刀尖利，為「銜刀」，若在案山的上方出現刀形之橫山，主出屠夫或劊子手，若在案山的下方出現刀形之橫山，主出專殺動物的廚師。

刀形之山居於穴之左或右，左右突出之山，頂上有石為「曜」，主出殺人之人。穴之左或右有尖形火星，下方再抛出有火形脈，雙火形山重疊，一高一低，主出屠牛宰馬的人。

（七十七）《雜居斷》——《奇驗經》暮講師纂　繼大師註解

原文：**青龍有。白虎空。二姓同居一屋中。龍虎直長多香火。孤房雜姓同。門前有井亦異姓。入舍填房事事逢。龍虎邊。二山隨。二姓同居事可推。正屋面前有水閣。門前雜水亦自同。**

繼大師註：陽居本身的左方（青龍）有山脈守護，右方（白虎）空蕩，主出二姓同居一屋的人，或過契收養小孩等，左右龍虎二方直長地守護，則有男丁承繼香燈，過契或收養小孩姓氏不同，門前有井亦是異姓同住，或娶填房帶來子女異姓人，這必須看看井的位置在何方位上。

陽居左右龍虎兩邊，有二山直直相隨，主有二姓人同居一屋，正屋面前有「水閣」，向度錯收零正的煞水，門前有「雜水」，水氣不清，亦相同。

（七十八）《換姓斷》——《奇驗經》暮講師纂 繼大師註解

原文：**門氣脈。**（傷龍脈也）**終賣宅。太離氣。**（離開氣脈，脫脈也）**住不得。脈大屋小也難當。**（不受氣也）**返弓散氣主為客。門樓高大過於堂。廳高堂小別姓人。墳屋窄。墓址寬。換姓何須說。**

繼大師註：無論陰墳或陽宅，建在直長脈氣所經過的地方，脈氣衝著，此謂之「門氣脈」，主傷人丁。若是離開脈氣太遠，此謂之「離氣」，陰陽二宅得不到地氣，不旺人丁，脈大屋小是浪費地氣。

前面有路或水流反弓，則堂局散氣，諸事不順，反主為客，或奴欺主，或子女不孝等。

門樓高大過於堂局，廳高堂局小，有別姓人居。墳頭及墓碑窄，但墓地及前方拜臺及子孫平托大，屋窄，但屋址地方寬闊，居者主換姓。

續原文：**逢孤陰。**（頑硬不化）**過姓真。當頭虛急。**（脈頑雄頓脫急直卸而空虛）**換他人。高露**（無護砂）**平陰**（木氣多）**并斜側。客來為主主為賓。**

繼大師註：「孤陰」者，突脈為陰，沒有開面，缺乏左右侍砂，脈頑硬不化氣，正如楊公所說：

「**金星不開窩。一發便寡婆。**」後代子孫主過契別姓人。

墳葬於來脈當頭處，來脈頑雄而突然頓脫，脈急平落而虛，墳葬高處而露，左右無護砂，來脈平而斜側，客來為主，主為賓，喧賓奪主也。

（七十九）《離鄉斷》——《奇驗經》暮講師纂　繼大師註解

原文：**水路俱近牽。離壬來去是天邊。龍虎尾長遷別處。樹頭向外永無旋。**

繼大師註：穴前有水流近穴，水牽走離穴場，在羅盤廿四山之南方「離宮」及北方「壬」位，在遠方來或去，穴之左右龍虎砂向外拖出的脈尾很長，脈尾走到別處，左右有樹頭向外延伸，主離鄉。另外還有潮州墳式，左右兩旁墳邊有反手之勢，亦主離鄉。

（八十）《瘟疫斷》——《奇驗經》暮講師纂　繼大師註解

原文：**四煞衝。**（子、午、卯、酉四方衝也）**瘟疫多。廟宇門前祭若何。小屋若在大樹下。木杓形遭瘟疫磨。天井水。黑沈沈。寒林照宅疫病侵。**

繼大師註：羅盤廿四山中之正「子、午、卯、酉」空亡位，四方有路或水流衝來，主易發生瘟疫。若有小屋建在大樹之下，大樹如木杓形，易遭瘟疫侵。陽居四合院或平房屋，天井之內有水，且黑沈沈，或有高密樹林面對陽居，易受病疫入侵。

續原文：**土曜巽宮倉口對。艮水衝門瘟病生。**

繼大師註：門前對着貨倉或糧倉門口，是為「門對門」，「土曜」即有帶石之土形墩阜在屋之左右，左右土形山丘，頂上帶石名「曜」，東北正艮方有水來衝射屋門，東北方為「鬼門」，是三陽不到之方，故極陰，若有煞水衝門，主生怪病瘟疫。水流要從零神方而來，旺方來為煞，衰方來為旺，巒頭與理氣配合，始能準確。

（八十一）《痘痳斷》——《奇驗經》暮講師纂　　繼大師註解

原文：**門前山。多嵯峨。大石層層在門窩。四畔赤紅兼破碎。天井亂石受痘痳。**

繼大師註：門前有巖巉的山來朝，或是來欺壓，或有赤紅及破碎的層層大石塊，山形巉巖，嵯峨大石無情，出現在屋外四週，又天井出現亂石，主易患痘痳之病。

（八十二）《瘋病斷》——《奇驗經》暮講師纂　　繼大師註解

原文：**寅甲風。出痳瘋。乾上安坑禍必凶。廁安巽上來龍處。**（巽屬木。木能生風。來龍處絕其生氣。）**屋後若有井缸同。左右畔。有糞缸。穢水忌東方。風隔**（兩邊高起相對。中間空處有風。）**煞臨惡瘋死。土八水二患風瘡。**

繼大師註：在羅盤廿四山之「寅、甲」界線方有凹風吹來，主易出痳瘋病，後天西北「乾」方有凹坑沖來，必有災禍凶險。「寅、甲」界線，及「乾」方正線為黃泉八煞位。

廁所安設在東南「巽」方上的來龍處，屋後若有水井或水缸，屋之左右畔，有糞缸、穢水，而且在東方出現。又兩山峰中間有凹位缺口，凹口有風吹來。「土八」者先天為東北方，後天「艮」方屬土，先天卦宮為「震八」，「水二」者先天為西南，後天東南「巽」方屬木，先天卦宮為「巽二」，有煞水來侵，故為「水二」，易患風瘡。

（八十三）《鼓脹斷》──《奇驗經》暮講師纂　　繼大師註解

原文：**羅計**（圓墩或窯亦是）**壓胸膛。腫毒鼓脹亡。朱雀昂頭欺主穴。明堂迫狹亦相妨。**

繼大師註：門前有圓墩來高壓，高度約在胸膛位置，若出現在煞方，則主腫毒鼓脹亡。穴之前方有山突起沖射穴場，穴前明堂迫狹壓穴，亦是如此效應，「朱雀」即是穴的前方，「昂頭」者山脈端突然昂起，而射穴及欺穴，穴前方平地稱明堂，堂迫狹亦會妨礙穴場，煞入穴方，應腫毒鼓脹而亡。

（八十四）《癲頭斷》──《奇驗經》暮講師纂　　繼大師註解

原文：**披連煞。**（一方平地屬水）**實難當。甲上埋坑癩首瘡。唯有丁方原不好。若有坑廁癩頭郎。**

繼大師註：陽宅平房屋其四周之一方是平地，平地近屋之處在羅盤廿四山之東面「甲」方有凹坑，或是糞坑即廁坑橫過，主出頭部出瘋癩的癩頭郎，這裡指「甲、寅」界線方，為黃泉八煞。

（八十五）《癆瘵斷》──《奇驗經》暮講師纂　繼大師註解

原文：**穴無氣。似茶槽。赤紅砂見出人癆。大樹露根蚯蚓路。廩裝床後瘵多招。空心樹。在面前。廉貞星見主癆煎。明堂有蕩兼破陷。怪樹惡石並癆纏。二水一火君須忌。癆瘵懨懨不可言。**

繼大師註：穴上無地氣，茶槽者，即用石塊或是現代用石屎水泥所做的石壆，約三、四尺高，成一排石壆相連，每約三尺有一格直邊，每一格底有孔排水流入地下。又見赤紅色的砂脈，主出人有肺癆病，有大樹露根，路像蚯蚓，「廩」即米倉，設在床後方，容易有肺癆病。

屋前有空心樹，又有火形尖山，稱為「廉貞」，主有肺癆病。屋前平地很大而蕩，而且有破陷，怪樹及惡石當屋前，又二水一火相尅，亦主有肺癆病。

（八十六）《心痛斷》——《奇驗經》暮講師纂　繼大師註解

原文：**羅計星。面前塞。大石當門心極痛。天井欄杆艮風吹。空心大樹亦此疾。**

繼大師註：無論陰墳或陽居，堂前四週平地上有大石突然出現在中間，或是空心大樹，正對墳碑或門口，塞住堂局生氣，主心痛，或出不孝兒，忤逆之後代。天井向口朝艮方東北位，為「鬼門」，有風吹來，亦主心痛。

（八十七）《哮病斷》——《奇驗經》暮講師纂　繼大師註解

原文：**獨木樹。哮病有。前逼後窄氣疾吼。明堂有蕩不須言。屋如一字出哮吼。廉貞星。見明堂。天井長狹氣疾當。小屋在前樓在後。明堂三角主哮亡。**

繼大師註：明堂前逼後窄，生氣不能舒緩，或有獨木樹或有尖頂火形物體，為火形廉貞星，當正前堂中間，或天井長狹而受風吹來，或屋子如一字長形，或陽居前中間有小屋頂着，而正後方又有高樓出現，均主居者有哮喘病。若明堂三角形主有哮喘病亡。

（八十八）《吐血斷》——《奇驗經》暮講師纂　繼大師註解

原文：**面前砂。似蒙搥。吐血傷人事可悲。前山黃赤并破碎。一見崩紅咯血危。**

繼大師註：墳前有砂脈如搥擊射穴，主後人吐血，前山色澤赤黃及破碎，亦主吐血。

（八十九）《黃腫斷》——《奇驗經》暮講師纂　繼大師註解

原文：**蜒蛐山。黃腫疾。砂如腫腳墳前立。草屋獸頭堆垛來。平地一片醫不得。**

繼大師註：前山如腳腫，正對墳前，主後代有黃腫腳病，前有房屋或物品堆積，形如獸頭，主有病難醫。

（九十）《痔漏斷》——《奇驗經》暮講師纂　繼大師註解

原文：**玄武山不藏。痔漏有損傷。龍虎胎不抱。後山硬亦亡。更有子癸水破局。痔漏之病極難當。**

繼大師註：陽居或陰墳之後靠山，形如人之臀部與肛門中間凹陷部位，或穴之左右脈包不過穴位，謂之漏胎，或後山粗硬，更有在羅盤廿四山之北面「子、癸」方有水流沖來破局，主有痔漏之病。

（九十一）《癲狂斷》

原文：**子上井。癲狂出。前山卻似人舞巽。左右水溝開水井。二井並列癲狂的。兩金星。來一火。此地出癲人受苦。水星湧動腳兒斜。小屋大樹多狂舞。十字路。交加水。出人癲舞何曾止。喧天大石在門前。狂舞之人不知恥。**

繼大師註：在羅盤廿四山之北面「子」方正線位有水井，此為之黃泉八煞位，為煞方，出現在屋前，主出癲狂之人。前面山形似人跳舞，有水溝及左右又有水井並列，主出癲狂者。

屋前出現有兩個圓形或半圓形水井，及有尖火形水井，謂之一火尅兩金，亦出人癲狂。有波浪形水星水流，貼着屋前或墳前，斜斜地走離及湧動，屋小而附近樹多，出人癲狂。十字路口中央交加有水井，巨型大石在門前，出人狂舞不知羞恥。

（九十二）《惡瘡斷》

原文：**羅計星。壓胸堂。樑上燕窠左惡瘡。糞窟當門癰癤疾。來龍坑窟毒狼當。若將亂石安井口。門柱破爛總多瘡。**

繼大師註：羅計星，指九曜星之羅睺計都等凶星，為火煞當壓堂前，（計都與羅睺、日、月、水星、火星、木星、金星、土星合稱九曜；中國古代天文學中〈七政四餘〉中的四餘之一。）

屋內樑上有燕窠，主生惡瘡，糞窟當門前主癰癤疾，（癰癤音翁節，癰癤疾指皮膚肉塊腫痛生瘡發炎。）穴位來龍外有坑窟，主人頹喪，陽居前有亂石在井口，門柱破爛等，均主生瘡。（「狼當」解釋爲困窘或頹喪的樣子。）

曾經在後唐時候，盧王（盧光稠）在毒害風水祖師楊筠松後，楊公生前的徒弟廖金精，在楊公死後，在贛州城十字路口做一水井，破壞盧王的風水，後盧王背脊生毒瘡，後自殺而死。

（九十三）《多憂斷》——《奇驗經》暮講師纂

繼大師註解

原文：**正穴前。多逼窄。煙窗對面歎氣殺。更兼朝案近高壓。縱使富貴多憂厄。**

繼大師註：穴前或屋門及窗台對着煙窗，被對面廢氣排放所污染，穴前逼窄，及穴朝案之山迫近而高壓，縱然富貴，亦多有厄患之憂慮。

（九十四）《產難斷》——《奇驗經》暮講師纂　繼大師註解

原文：**臥房天井內。堆石極有妨。房中漲塞俱難產。搖皮太長亦有殃。**

繼大師註：古時村落之舊建築平房屋，貧窮人家為了節省地方，用堆石方式，把睡房建在天井內，或房中堆塞雜物，使年輕夫婦的妻子容易難產。搖皮指門上搖皮，即現時連接門與門框之間的門鉸，太長亦不吉。

（九十五）《產死斷》——《奇驗經》暮講師纂　繼大師註解

原文：**白中赤**（西方紅色）**。產難逢。披連**（屬水）**又兼離氣凶**（不接脈氣）**。四生水朝真不吉。**（四長生水爲「寅、申、巳、亥」方之水）**前池墩石產中亡。**

繼大師註：墳前西面明堂中央有一突出尖形小山丘，尖火尅金，西面屬金，及屋門正前面「離」方有水池，池中央有一突出的大石墩，主小產墮胎之應，加上墳及屋向為黃泉八煞線度，主產死。四長生水煞氣線度為：「寅甲、申庚、巳丙、亥壬」界線，煞線也。

（九十六）《死宅長斷》——《奇驗經》暮講師纂　繼大師註解

原文：**門氣脈。**（葬在急脈沖來之穴地）**宅長亡。青龍走壓乾峰傷。**（乾峯有缺破或凹陷）**有東無西真不吉。左側凹峰主不祥。棟柱若還不著地。那見宅長治家邦。**

繼大師註：墳穴不能葬在急脈沖來之處，穴之青龍方在羅盤廿四山方之正「乾」位上有缺破，或有凹陷之山峰，引致凹風吹穴，主長房敗絕。墳穴左右兩邊，一方有缺，或有凹風吹穴，凹峰在左側方，主大房身體不利，凹峰在右側方，主三房。若平房屋棟柱不著地，屋則不堅固，不能長居治家邦。

（九十七）《卒死斷》——《奇驗經》暮講師纂　繼大師註解

原文：**震方動。主卒死。前面深坑不可當。兩邊崖岸俱深窄。穴無餘氣忽死傷。**

繼大師註：「震」屬東方，墳之震方動土，剛逢流年三煞、紫白二黑五黃到宮，則損丁。穴前或左右有深坑縣崖，「界水深崖漏」，此謂之「穴無餘氣」，主卒死或傷亡。

（九十八）《寄生寄死斷》——《奇驗經》暮講師纂　繼大師註解

原文：**白虎頭。口開叉。穴中又被龍剋他。子午卯酉門路沖。寄生寄死在他鄉。**

繼大師註：墳穴之白虎方有砂脈像開口，為「白虎開口」，主傷人丁。有門路被沖，在「子、午、卯、酉」正中方，為黃泉八煞，主損人丁，或客死異鄉。

（九十九）《外死斷》——《奇驗經》暮講師纂　繼大師註解

原文：**砂返牽。死他方。墩似人形順水鄉。橋為扛屍並外死。明堂傾瀉外州亡。龍虎砂。兩腳飛。煙包灰袋各東西。離上風吹并水去。山腳入堂主分離。**

繼大師註：穴前在可見範圍內，有砂脈反弓及直走離穴場，謂之砂手反牽，砂走則水走，後人離鄉而亡，若有人形山墩，前方明堂傾瀉，加上有橋，合看形象扛屍，主移居外地而亡。龍虎二砂之兩腳腳下反飛離穴，穴前有山形似煙包、灰袋，即現代人之香煙，穴前南面「離」方有風吹來，並且水走，穴下方山腳有脈反飛走入穴前明堂，主後人離鄉，向別處發展。

（一〇〇）《居官外死斷》——《奇驗經》暮講師纂　繼大師註解

原文：**秀水砂**（六秀水也）**破旺方。真山真穴灰袋山。貪狼入首水路返。多主居官不還家。**

繼大師註：穴前有水破局，沖破旺方，結穴之山形象灰袋形，雖然來龍入首是貪狼木形星，或穴後來龍入首方位是貪狼大卦，但有水路反弓，雖為官，但主離鄉。

（一〇一）《惡死斷》——《奇驗經》暮講師纂　繼大師註解

原文：**辰戌水。入塚宅。粉身碎骨慘死極。癸水去來毒藥亡。乙辰之水木壓死。甲水入塚本自縊傷。申水陣亡免不得。丑水刀下決可言。乾水石壓雖能識。曜水刑戮少人知。午水火燒身殞滅。**

繼大師註：羅盤中廿四山之「辰、戌」有水沖入塚宅中，主後代有粉身碎骨慘死之應。因「辰乙、戌辛」界線為黃泉八煞之一，三合家稱「天羅地網位」，故大凶。「癸」水指「癸丑」界線，亦黃泉八煞之一，這方有去來之水，主毒藥亡。「甲」水指「甲、寅」界線，亦大煞，主自縊傷亡。

羅盤廿四山方之「申、庚」界線煞方，有水來沖穴，主打仗陣亡，「丑、癸」界線煞方有水沖穴亦如是，「乾」方正線煞位有水來沖，主有石壓意外。「曜水」為火形煞水，主有刑戮之災，在理氣方位方面，三合家稱：**「巽山忌見兌水爲曜星。」**（見《地理人子須知》〈卷八〉第 466 頁。）正「午」方有水來沖，主有火災燒身之禍，「午」方正線南方煞位屬火，為火燒天門。

（一〇二）《毒水斷》——《奇驗經》暮講師纂 繼大師註解

原文：**葫蘆樣。毒藥星**（倒地葫蘆）**。端向明堂傾藥形。黃石若然向塚宅。癸水破局藥傷生。**

繼大師註：穴前有砂象倒地葫蘆，葫蘆口有黃石，像傾藥之形，沖向塚宅，「癸、丑」界線煞方又有來水沖穴，為破局來水，主藥物中毒。

原文：**黃泉處。怕有塘。木寡水多玄冥亡。辰戍二水交流去。掃蕩星見水中傷。坎上煞。出投河。辰戌丑未路城過。乙辰水路交加返。朱雀奔江怎奈何。青龍路。水反塘。子癸水流下水亡。虎邊水路及池窟。玄武扛屍水入江。**

繼大師註：黃泉八煞方忌見水塘，本身兩水夾木星，如扛屍樣，直木插入水也，如投河自盡一樣。黃泉八煞處，即四正四隅方，怕出現水塘，為八煞水，主投河而亡。「辰、戌」二水交流而去，又見形亂水蕩，主在水中傷亡。北方後天「坎方」有煞，亦主投河而亡。「辰乙、戌辛、丑癸、未丁」界線方有水路橫過，亦為黃泉八煞。

「乙、辰」方有水路交加反弓，穴前方為「朱雀」，有江水奔離而去，穴之青龍方有反弓形水路或水塘，正「子」、「癸、丑」界線方有水流沖穴，穴之白虎邊有水路及池窟，穴之後方為「玄武」，有水路象扛屍之水入江，主投河而亡。「子、癸」方有水流沖穴，這必須要配合元運，始能判斷準確。

（一〇四）《自縊及絞死斷》——《奇驗經》蓉講師纂

原文：**砂斷頭。相象繩。井邊路牽自縊身。龍虎路交子癸壓。午上風路直來征。貴人頭上路相繞。犯罪絞死極分明。**

乙辰交。（乙辰水路交加）**喚作繩。辰巽惡殺自縊真。門前若見藤纏樹。田埂如井縊傷身。龍虎頭上交加路。土堆人糞攔路形。白虎若見開兩指。出人自縊少分明。**

繼大師註：龍虎有路橫過截斷為「砂斷頭」，路之形相像繩，井邊有路像牽頸形，皆主自縊身亡。穴左右龍虎有路，交於北方正「子」、「癸、丑」界線位來壓墳頭，「午」方有風口直直沖來，穴上之貴人峰，近山頂頭上有路相繞，象吊頸一樣，主犯罪行刑被絞死。

東面「乙、辰」正界線為黃泉八煞方，有水路交加，形像繩子，「辰、巽」方，正「巽」方亦為黃泉八煞方，主自縊而亡。門前見有藤纏之樹，或見有田埂如井等，皆主自縊而傷身。穴之龍虎頭上有交加路，有土堆像人糞作攔路之形，穴之白虎方若見有像兩指掰開之水或路，主出人自縊而亡。

（一〇五）《虎傷斷》——《奇驗經》暮講師纂　繼大師註解

原文：**寅甲嵯峨凶。右邊有石似虎容。破軍高石人被咬。祿存開口虎傷人。**

繼大師註：羅盤中廿四山之「寅、甲」正界線方為黃泉八煞線度，有嵯峨石塊主大凶。穴之右邊有石似虎形之容貌，有「破軍」形之高大石砂，主穴之後人被虎所咬。在穴之右方出現有「祿存星」（不規則之土形帶石之山），若有洞孔像老虎開口，主傷人，土星帶水竅必有大禍。

（一〇六）《蛇咬斷》——《奇驗經》暮講師纂　繼大師註解

原文：**人家屋。有蛇妨。只因巳丙路沖長。落穴斜擺水無制。出人定是有蛇傷。酉龍巳水虛癆疾。少年多損見蛇災。**

繼大師註：羅盤中廿四山之「巳、丙」兩儀交界處方有直長路沖來，犯空亡界線，為另類的黃泉八煞，蔣大鴻祖師在《地理辨正疏》中說是「**假夫婦卦**」。落脈斜擺結穴，出人為蛇所傷，西方後天「兑」宮之「酉」龍，南方有「巳」水來沖，主多癆疾，少年人丁見蛇災而受損，「巳」為蛇，「巳、酉」半三合金局故。

（一〇七）《雷傷及雷打屋傷》——《奇驗經》暮講師纂 繼大師註解

原文：**雷傷人。在何方。震上廉貞石嵯峨。乾上更有崢岩拱。只恐震乾風路過。腳如雲走形如狗。雷打傷人沒奈何。**

繼大師註：穴上之東面震方有嵯峨的火形廉貞石峰，東面「震」方及西北「乾」方正線為黃泉八煞，「乾」方有崢嶸的岩石來拱，在「震、乾」方有風經過，因為風吹過之處，大部份都會出現石塊，其形狀如狗，其腳如雲走，主應雷打傷人。

（一〇八）《牛觸傷斷》——《奇驗經》暮講師纂 繼大師註解

原文：**牛觸人。丑未嵯峨起廉貞。丑上山高石拱露。廉貞粗惡照破軍。**（丑上尤應）

繼大師註：羅盤中廿四山之「丑、未」方有嵯峨尖形高聳的大石塊，稱為「廉貞火」，「丑、癸」界線煞方上有山峰，頂上有高石拱露，火形廉貞大石塊粗惡，山峰腳下全是石塊稱為「破軍山」，「丑」支屬牛，故有被牛角所傷之應，或尅應在「丑」年、「癸丑」年發生。

（一〇九）《犬馬傷斷》——《奇驗經》暮講師纂　繼大師註解

原文：**戌乾路沖犬傷人。戌上石頭似虎形。更兼戌方有大樹。惡犬損人事不寧。午方山下屍山現。廉貞巳午馬傷人。**

繼大師註：羅盤中廿四山之「戌、乾」界線範圍方有路沖。「戌」屬狗，故應後人被犬所傷。「戌」方上有石頭似虎形，兼「戌」方有大樹，應有惡犬傷人。正「午」方有「屍形」之山出現，或在田上土堆，遠看象人形在睡眠一樣，火形廉貞山在南方「巳、午」位，主為馬所傷人，現代人就是尅應車禍傷人。

（一一〇）《打死人斷》——《奇驗經》暮講師纂　繼大師註解

原文：**打死人。怎得知。主星強急虎啣屍。龍逢虎鬥兼逢破。家有危樓後有池。**

繼大師註：來龍結穴之主星高聳強大而落脈急速，象老虎啣屍一樣，穴之青龍與白虎二砂，有相鬥之象，兼逢砂脈有破，陽居是危樓，後方有水池，主尅應打死人。

（一一一）《分屍斷》——《奇驗經》暮講師纂　繼大師註解

原文：**堆屍形。黃曜惡**（黃曜八煞）**。頭與身體不連絡。腦下橫浪手腳分。梟首分屍填溝壑。白虎尖石射明堂。人在法場遭刑酷。貴人山下見屍山。監斬奏召斷不錯。形如天馬火木身。死在木驢真慘惡。貴人頭上雙路纏。犯罪遭絞真荼毒。**

繼大師註：穴上可見之處有堆屍形之山，黃曜、惡曜者為破碎的石山沖穴，形象人首與人身有不相連之狀，手腳又分開，分屍之砂形在深坑溝內。穴之白虎方有尖石射明堂，主後人在法場上遭刑酷。穴前有貴人山，山下出現象屍形之山，主後人被行刑斬頭。有山形如天馬形，火木身，主出行車禍而死，穴後靠之貴人山峰，峰頂頭上有雙路纏繞，如繩索纏頸，主犯罪遭絞真荼毒。

（一一二）《充軍斷》——《奇驗經》暮講師纂　繼大師註解

原文：**廉貞射。定充軍。破軍拱照不堪論。子午卯酉風路動。平地高露事紛紛。再知人家軍職事。只因槍劍面前存。五諧**（金木水火土諧）**若返如何斷。雖則為官後必軍。斜坡上。巷街逢。**

破軍卻在兑位逢。硬勢竹篙宜迴避。貪狼被剋（木被金剋）**在軍營。火體頭斜軍職伍。尖砂黃曜**（黃泉曜氣）**衛中人。**

繼大師註：穴上見有火形廉貞山峰尖斜火星來沖射，有破軍破體金星石峰拱照，主充軍。穴在平地上高高露出，在正「子、午、卯、酉」方有風來吹動，主阻滯的事情紛紛擾攘，有被充軍之嫌。

在槍劍形之砂物在穴面前，主後人任職於軍部。有山如展誥在穴前，「展誥」為古時向皇帝呈示奏摺的形狀，展誥有「金、木、水、火、土」五行形狀，若現反弓形而背穴，則為文官後必為武職軍官，最後亦會被充軍。

在斜坡上的陽居街巷上，在西面「兑」位方有破軍石山丘，體硬而形勢象竹篙，切宜迴避。軍營建在貪狼木形山峰下，被金所剋。有來龍祖山出脈處，有火形山峰，頭頂尖斜，在穴上不見，尖形砂為曜，出現在黃泉八煞方位上，且作守衛，主任職軍隊中，最後被充軍。

（一一三）《刑徒斷》——《奇驗經》暮講師纂　繼大師註解

原文：**對面煞。直射來。四面團團惹官災**（或牆或籬笆圍實者是）**。牛牢豬圈**（在官地上）**官事至。白虎開口不可裁。門前小屋多官事。屋脊相衝訟獄來。破軍面**（金水星流破也）**。犯官方。前後反側也難當。屋角尖利**（射穴也）**因官敗。露形脹氣**（無護太僅）**亦須防。前面圓峰朱雀抱。有路十字獄中亡。更防砂似鉤鐮樣。路如川字犯徒傷。水沖玄武君難曉。家招徒配若徬徨。**

繼大師註：穴前對面有形煞直直沖射而來，穴之四週有牆或籬笆團團圍住，主惹官非之災，養牛及養豬的地方是官地，即非法佔用政府地方，故犯官非。穴之白虎方有洞孔，名「白虎開口」，門前有小屋，主多官非事件。房屋大門對面有屋脊之形煞相衝過來，主有訴訟牢獄之災。房屋對面有破軍金星，金星水流破也，前方或後方有反弓之形煞，主犯官非。

屋角尖利沖射穴場，主官非敗訴，房屋露形而明顯，左右沒有守護，前面圓峰突顯迫壓地抱來，又有十字路沖，主獄中亡。屋前有砂物似鉤鐮一樣，屋門正對着如「川」字之路，正沖大門，主犯徒形而傷。屋後方有水來沖，家人招來牢獄徒刑之災。

（一一四）《官符斷》

原文：**白虎昂首看明堂。白虎開口官事殃。朱雀開口官事至。龍虎交牙父子傷。乾方動。大官妨。牛牢豬圈也難當。後面破軍如石壁。金星強急也須防。破漏之屋皆如此。門樓平闊亦官傷。辰上牛欄為木吸。干連人命幾場多。**

繼大師註：屋之白虎方有砂物昂首好像看着明堂一樣，白虎開口主官非訴訟。屋前正對別的房子門口，為「朱雀開口」，亦主有官非事件會發生。屋之左右作前後交錯，為「龍虎交牙」，主傷父子。羅盤廿四山西北位之「乾」方動土而招煞，若居住者做大官，則小心官運被剝掉，若是牛場或豬場也要小心豬牛有瘟疫病。

屋後面有破軍星丘如石壁那樣堅硬，或有金星山丘來壓迫，也須提防，破漏之屋皆如此。門樓平闊亦易被官非所傷。羅盤廿四山之「辰」方上有牛欄為「木吸」。（「木吸」即吸音隔聲，免得牛羣嘈吵聲而產生聲煞。）做官的人容易錯誤判罪，以致有機會草菅人命。

（一一五）《赦文斷》——《奇驗經》暮講師纂　　繼大師註解

原文：**丙丁水。名赦文。龍虎抱衛無風生。龍乘六秀丙丁起。家宅永無刑罰侵。**

繼大師註：南方「丙、丁」水為「赦文」，赦文為朝廷公佈大赦囚犯之罪的文書，穴之龍虎二砂抱衛穴場，使風不吹穴，若龍穴南面「丙、丁」方有來水，則家宅永無刑罰所侵。三合家所說之「六秀水」為「艮、丙、巽、辛、兑、丁」方來水。（見《地理人子須知》〈卷八〉〈赦文水〉第466頁。）

（一一六）《火災斷》——《奇驗經》暮講師纂　　繼大師註解

原文：**午丙水。要火燒。屋頭前後兩行朝。**（屋脊尖射作火星，在午方凶。）**午方獨有高峰照。門外三樹盡皆焦。火旺木廢如何斷。家招回祿**（火災）**不相饒。如船形。滿載多**（地小而屋造滿者，主火災。）**四畔石壁亂嵯峨。寅龍午戌水會局。廉貞高照火來磨。更兼田畔芭蕉樣。常常被火斷不差。**

繼大師註：南方有「午、丙」水沖來，主有火災。屋頭前後之屋脊尖射，為尖火形星，在「午」方沖來，南面「午」方獨有高峰射來，主有火災之凶險。地方小而建屋密集，如船小而滿載貨物一樣，主火災。四週石壁雜亂嵯峨，東面「寅」方來龍，與「午、戌」水三合火局，廉貞尖火形山峰高聳，火煞衝尅而來，兼田邊像芭蕉一樣，主常常被火燒。

（一一七）《被賊斷》——《奇驗經》暮講師纂　繼大師註解

原文：**廉貞照。被賊凶。更有探頭側面逢。脅腋開門盜賊至。子午卯酉廉貞峰。門前有路如川字。年年常有賊人逢。**

繼大師註：尖火形廉貞山峰射來，主有被賊打劫之災，側面更見有探頭之山出現，即山外有小部份山峰突出，為之「探頭山」，主被盜賊光顧。有尖火形廉貞山峰在「子、午、卯、酉」方射來，門前有路如「川」字樣，主常有賊人來臨。

（一一八）《損畜牲斷》——《奇驗經》暮講師纂　繼大師註解

原文：**砂紅赤。損畜生。四墓風來畜不盈。穴逢氣散無收拾。兩邊高壓總成空。**

繼大師註：見有赤紅色之砂物來尖剋，風從「辰、戌、丑、未」四墓庫位吹來，主損畜。穴位氣散，生氣不聚，穴之左右兩邊有山來高壓，尤其是赤紅色的山，主損畜。

（一一九）《損貓斷》—— 《奇驗經》暮講師纂

繼大師註解

原文：**還魂泥。母泥壁。廁步腳下無用石。樓梯單步始為良。不然貓與鼠供食。**

繼大師註：古時茅廁及廚房與現代不同，古人認為廚房範圍泥土及牆壁鬆散，容易被老鼠取洞做巢穴，廁所梯級要用石塊鋪上，單數樓梯梯級始為吉。現代有所不同，高樓大廈，居住環境改變，很少人養貓，但我們不能製造環境，遺下廚餘在陰暗的角落中，使老鼠有機可乘，令貓有所損傷。

（一二〇）《損蠶斷》—— 《奇驗經》暮講師纂

繼大師註解

原文：**臥蠶山。頭反側。宅中聚水蠶不實。龍虎身上破缺逢。養蠶十櫃終無得。**

繼大師註：有山像臥蠶之形（臥蠶山），蠶之頭反側，陽宅中央有水聚於一處，則犯水煞，左右龍虎身上有破損的缺縫，若作養蠶為業，則終無所得。

（一二二）《鬼怪斷》——《奇驗經》暮講師纂 繼大師註解

原文：**東北門**（艮爲鬼戶）**。鬼怪入。三陽不照名陰極**（陰盛出鬼怪）**。破屋停喪亦此災。穴有嚳竅鬼祟集。臥房幽暗脅腋開。樹腫頭腰鬼怪泣。芭蕉年久成多精。戰場做穴藏妖孽。**

繼大師註：陽宅東北位艮方開門為鬼門，為三陽不照，全年只有少部份時間見到陽光，而且不能直接照射來，乃致極為陰暗，故陰盛容易出現鬼怪。

幽暗左右矮牆窗門多，破爛之屋作停喪之地，亦易犯陰。穴地陰暗潮濕受水煞，亦會使鬼物聚集，穴或平房村屋陽居近距離有很多臃腫的大樹密集及亂生，或有年久的芭蕉樹，或是舊戰場之處做穴，則易藏妖魔鬼怪。

（一二三）《怪夢斷》——《奇驗經》暮講師纂 繼大師註解

原文：**床被壓**（梁壓尤甚）**。怪夢多。燕頭不塞夢多魔。脅腋開門夢寤惡。沖床射背夢中磨。**

繼大師註：屋內卧室床被橫樑所壓則怪夢多，屋有燕巢，亦多鬼怪之夢，卧室左右均開門，氣不聚，門口沖床射背，多發鬼怪之夢。

（一二三）《生怪異斷》──《奇驗經》暮講師纂　繼大師註解

原文：**朱雀山。似蛤蟆。主出鬼子沒奈何。或然怪石生在內。看看生下一堆蛇。虎仔之山多破碎。三年有孕是血瘕。青龍頭上缺三缺。懷胎肚內叫哇哇。**

繼大師註：穴前方之山名「朱雀山」。若然形似蛤蟆，主出鬼怪兒子，或有怪石出現在蛤蟆山上，有可能生下蛇。若是虎形山有破碎，三年有懷孕時有血塊或有寄生蟲，名為「血瘕」。穴之青龍方頭上有三個缺口，懷胎肚內有異樣。

（一二四）《駝背斷》──《奇驗經》暮講師纂　繼大師註解

原文：**路反背。出駝背。白中見赤**（西方見紅）**屈身搖。曲水駝背并曲背。穴情斜反亦同招。前平屋。後高樓。離鄉枯樹向外頭。明堂卻是祿存樣。家中常見駝背人。**

繼大師註：路反弓對着穴，有曲水像駝背樣背着穴，穴情斜反。陽居之平房屋前有屋，屋頂與自身房屋頂平，後方有高樓，有枯樹樹頭在屋外生出，有走離之勢，屋之明堂像祿存土星樣，不規則之土形，山腳有筋露出，家中常見駝背人。

（一二五）《鬍子斷》──《奇驗經》暮講師纂　繼大師註解

原文：**亥交巽。出鬍子。子交寅水亦稀奇。餘氣鋪張山不割。蝦鬚重疊定鬍兮。**

繼大師註：羅盤廿四山中之「亥」方水流交於「巽」方，出鬍子，「子」水交於「寅」水亦如是。龍脈之餘氣至穴前鋪張，平托深而不割腳，即托不淺也，穴位左右有兩層長脈守護像蝦鬚，主出長鬍鬚之人。

（一二六）《出跛腳斷》──《奇驗經》暮講師纂　繼大師註解

原文：**門房柱。下補接。路如角尺向外別。乾水去來跛足履。砂腳斜足有惡疾。砂見冬瓜擣杵形。樹頭腫腳人足蹶。黃泉入路斜返來。人家腳疾無容說。**

繼大師註：屋門房柱下方有補接，路如角尺向外走，在羅盤廿四山之「乾」方有去水或來水，主跛足。穴下之砂腳斜走，主後人腳足有惡疾。砂物見冬瓜擣杵形。擣同搗，即搗衣杵，像冬瓜形捶擊衣物的古代木槌，或砂物樹頭像腳腫，主人足蹶（蹶音缺，即跌倒之意。）有路斜來或斜去，方向為黃泉八煞線度，尅應人家有腳疾。

（一二七）《瞎眼斷》——《奇驗經》蓍講師纂

繼大師註解

原文：**星印馬**（砂如星如印，在南方是也）**。瞽目殃。墩頭破碎眼兒傷。明堂若還三個角。尖砂背後眼須防。辰上路。患眼災。明堂堆凸眼不開。水流火口亦如此。龍虎亦不護瞽目來。火煙出壁俱目害。廉在明堂眼禍胎。糞窟缺。在明堂。面前佛塔眼無光。天井大石坐四角。開井子午卯酉方。惡破紅面對。屋脊坑鎗傷。**

繼大師註：在南方的砂物，其山如星如印，主有瞽目之殃，即盲眼之災，穴見前山的墩頭，即沙土堆成的高丘，丘有破碎，主眼兒有傷。穴之明堂三角形，或穴之背後有尖砂射背，須防眼患。羅盤廿四山之「辰」方有路沖，主有眼患之災。

穴前明堂中央堆出一突之山丘，主出盲眼之人，水流火口亦如此，即有水流流出三角形水池之尖嘴明堂角位處，穴之左右龍虎二砂亦不守護，亦主瞽目。陽居大門對正之牆壁，外有煙火昇出，俱主損目。火形廉貞山丘在明堂中央，主有眼禍或有墮胎之患。在古時之糞窟有缺，在穴面前平地明堂中央獨有佛塔出現，主眼無光。天井有大石坐於四角位，井的位置開於正「子、午、卯、酉」四正方位，陽居平房屋脊有坑像鎗一樣，主有眼疾。

（一二八）《啞口子斷》——《奇驗經》暮講師纂

繼大師註解

原文：**巳上沖。啞口傷。天井大石對中央。墓宅灰袋香爐案。明堂浮石亦不祥。戌乾水。喑啞人。惡石定生啞子身。酉山懶緩辰水人。有口難言惱煞人。**

繼大師註：羅盤廿四山之「巳」方有水沖來，主出啞巴，天井有大石在正中央，正對門口。陰宅墓穴前面有砂物像灰袋及香爐案山，明堂平地上出現單獨之浮石，「戌、乾」有水來沖，主出喑啞盲眼之人，若有破碎巖巉之惡石，定生啞子。西方正「酉」山「卯」向，穴前面略右方見「辰」方有緩慢的水沖來，出有口難言之人。

（一二九）《耳聾斷》──《奇驗經》暮講師纂　　繼大師註解

原文：**明堂內。有祿存。土星唯見石稜層。惡石當門聾啞應。葫蘆砂見出聾人。棟柱蟲窟空。出人聽不聽。門前若見暗亭子，耳門塞了亦耳聾。**

繼大師註：穴前方明堂內有祿存土星山丘，見土星頂部有稜形石層，陽居平房屋大門口見有惡石，主有聾啞之應。穴前見葫蘆砂有破，主出聾人。陽居平房屋棟柱有空置的蟲窟。出人耳聽不聽，筆者繼大師曾勘察一平房屋，屋內住了一修行的老尼姑，她加建了一個廚房，緊貼屋之青龍方牆邊，為「孖仔屋」，不久她出現有耳聾的現象。

（一三〇）《癭瘤斷》──《奇驗經》暮講師纂　　繼大師註解

原文：**水中石。似葫蘆。癭瘤信不誣。戌水折丙誰能識。當門插住有癭瘤。**

繼大師註：穴前明堂有水塘，水中有突出之石，石似葫蘆，主生瘤。羅盤中廿四山之「戌」方有水折入「丙」方，主生瘤。筆者繼大師曾在坪洲見有一平房屋，女老主人在白虎方貼着主屋外牆建一廚房，為「孭仔屋」，未幾女老主人乳房生瘤，後證實為癌症，施手術後康復。

（一三一）《生六指斷》——《奇驗經》暮講師纂　繼大師註解

原文：**生六指。有何因。子山高聳六指人。子方水聚亦如此。出水顯露水足生。**

繼大師註：羅盤中廿四山中之正「子」方有山高聳，或正「子」方有水聚而破局，主出六指之人，「子」正線為黃泉八煞。

（一三二）《覆墳斷》——《奇驗經》暮講師纂　繼大師註解

原文：**貪巨武。三吉神。水若朝來是福臨。塚內祥煙背紫氣。兒孫富貴更豪興。文曲水。濕土方。白蟻成群來築巢。棺木骨骸穿透了。年深月久水波波。祿存水。翻棺材。凡人不信請君開。穴內屍骸都顛倒。綠水黃泥做一堆。廉貞朝。蟲蟻多。老鼠頭邊自做巢。黃金損壞多黑爛。眾房子息受奔波。破軍臨。不堪言。竹木藤根繞板纏。吃盡棺材爛枯骨。螻蟻頭邊腳下穿。**

繼大師註：在山崗龍來說，貪狼木形山、巨門平土形山、文曲波浪水形山、武曲圓金形山。在理氣方面為貪狼一運卦、巨門二運卦、文曲四運卦、武曲六運卦。

另外水法形勢方面有三吉水神，分別是「巨門平土水形、文曲波浪水形、武曲圓金形」為吉，以直木形及尖火形水為凶。吉水若朝來是福，凶水朝來是凶。墳塚內有吉祥之氣，背紫氣者坐東向西也（紫氣即東面），兒孫富貴更豪興。

水流是波浪線形為文曲水，出現在墳穴濕土方，有濕氣則犯水煞，主墳穴有白蟻成群來築巢，棺木骨骸被水氣所穿透，年深月久則棺木會水浸。祿存土形水來侵，則棺材亦被水所浸，嚴重一些，穴內屍骸都會變樣及顛倒，墳內有水及黃泥一堆，使後人生病，甚至夭亡。

廉貞尖形水來朝，墳內蟲蟻多，老鼠會築巢，骨骸損壞及呈現黑色及發爛，骨骸爛到那裏，則子孫後代病到那裏。破軍水來臨，苦不堪言，竹木藤根部纏繞棺木，至入到骨骸內，棺材枯骨會發爛，螻蟻在骨頭邊腳下穿，竹木藤根繞到那裏，病到那裏。

（一三三）《覆墳起例斷》——《奇驗經》暮講師纂　繼大師註解

原文：**大墓屬破軍。絕胎號祿存。養生貪狼位。沐浴冠帶文。武曲臨官旺。逢衰是巨門。廉貞兼病死。七曜一齊分。**

繼大師註：十二長生水順序排列次序是：長生、沐浴、冠帶、臨官、帝旺、衰、病、死、墓、絕、胎、養。為三合家之水法，蔣大鴻在《地理辨正疏》後卷已詳細說明這是偽法，故不可信。

其實風吹墳穴，骨骸亦會發黑，吹左則長房有病，吹右則三房有病。三合家之註解是：

假如玄堂「丙」向屬火。即以「辛、戌」上起破軍。「乾、亥、壬、子」是祿存。「癸、丑、艮、寅」是貪狼。「甲、卯、乙、辰」是文曲。「丁、未」是巨門。「坤、申、庚、酉」是廉貞。

（一三四）《停喪斷》——《奇驗經》暮講師纂　繼大師註解

原文：**破屋主停喪。廊居不接亦須防。明堂有地棺材樣。屋後小屋總須防。**

繼大師註：「停喪」即是反對厚葬而浪費財物，停放一處，讓屍體速朽化骨，並及早下葬。把死者簡單裝殮，放在家中，或寄存在寺廟等公共場所，等待入土安葬，停放幾年以至一二十年後始落葬，這就是停喪不葬。平房村屋後方有一間破敗的小屋，如停屍間一樣，主停喪。走廊家居內不連接亦須提防，明堂有地像棺材一樣，房屋後有小屋總要須防。

（一三五）**《發棺制棺斷》**——《奇驗經》暮講師纂　繼大師註解

原文：**左右石。似棺材。石上破裂剖棺災。只露棺面如墓開。定是伐塚無疑猜。**

繼大師註：左右有石，石似棺材，石上有破裂，有剖棺之災，只露出棺面如打開墓穴，定是被人砍伐墓塚無疑。

（一三六）**《翻棺覆槨斷》**——《奇驗經》暮講師纂　繼大師註解

原文：**四墓有風吹。翻覆實哀哉。堂水倒在左龍山短。棺必翻左定有災。堂水倒右虎山小。棺必翻右真可悲。更有水沖東西缺。水流直去亦翻棺。**

繼大師註：羅盤廿四山方之「辰、戌、丑、未」為四墓庫，若有風在此四方吹來，棺定翻覆，穴前明堂水右倒左，穴之青龍山脈短，棺必翻左定有災禍。「翻棺」即是骨骸受風吹來的水煞所傷。

穴前明堂左水倒右，穴之白虎山短小，棺必翻右，因為沒有下關砂之故，更有水來沖穴，左右方缺砂脈守護，水流從穴前直走去遠方，亦主翻棺。翻棺者，穴受風吹，氣則散，骨骸呈現黑色，則穴之後人有重疾，嚴重者會死亡。

（一三七）《樹根穿槨斷》——《奇驗經》蓦講師纂

繼大師註解

原文：**龍無氣。穴受風。乙辰寅甲水來沖。更兼乾戌山低陷。穿眼繞骸禍不空。**

繼大師註：地質鬆散，容易倒塌，是龍神無氣，穴受風吹，羅盤廿四山方之「乙辰、寅甲」水來沖，為黃泉八煞界線位，更兼「乾戌」山低陷，樹根穿繞骨骸，主後人有重疾。

（一三八）《槨中生水斷》——《奇驗經》蓦講師纂

繼大師註解

原文：**龍無氣。穴受風。金水行龍制作同。**（如金體而忝臺四尺亦屬金矣。前後是金則生水。謂之「製作同」。）**申子辰位有風入。脈真**（如六秀等脈）**氣假**（風吹水劫）**槨生泓。文曲濕潤多。**

祿存（文曲祿存俱三合向上論）**水射水波波。坤山若還安艮向。黃金水漲沒奈何。朱雀山。夾流去。滿槨皆水意。水泛井跳與斜飛。左右風吹棺。滿注穴孤寒。水分八字排。坎山懶與緩。播地俱水災。**

繼大師註：地質鬆散，龍神無氣，穴受風吹，金水行龍，如金體而忝臺四尺亦屬金，前後是金則生水，謂之「製作同」。羅盤廿四山方之「申、子、辰」位有風吹入，脈雖真，如六秀等脈，氣則假，因風吹水劫，槨中生水。

文曲水星濕潤之水氣多，祿存土星水射，「坤」山來龍立「艮」向，主槨中生水。穴前面之山為「朱雀山」，被雙水水流夾着離穴遠去，穴中滿槨皆有水氣。穴前水蕩而致有水泛濫，有水反跳與斜飛，左右有風吹棺，引致穴氣孤寒，水分八字兩邊排，即穴之左右界水深崖漏也，正北面「坎」山來龍脈氣懶坦與緩慢，滿地俱水災。

（一三九）《槨中生水斷》——《奇驗經》暮講師纂　繼大師註解

原文：**鬥殺葬蟻多。直山直向蟻難禁。淺深失宜皆如此。寅午戌風滿槨生。**

繼大師註：穴之葬法有鬥殺法，即葬於來脈急速處，葬下惹蟻來築巢，若然造葬時，穴位犯水煞，主多蟻，葬法深淺失宜，亦主多蟲蟻，有風在「寅、午、戌」方吹來，風來帶水氣而潮濕，故易生蟻。

（一四〇）《墳中惡事斷》——《奇驗經》暮講師纂　繼大師註解

原文：**來龍無氣。骨頭欲飛。空缺風吹顛倒骨。廉貞水射咬棺兒。山高深蟻入。山低淺生蟻。氣深葬淺骨化白。氣淺葬深骨黑泥。**

脈急葬急亦白爛。脈緩葬緩亦黑隨。水分八字風因入。穴高生水低骨灰。泥水滿棺因何事。文曲迢迢水射之。

繼大師註：來龍無氣，穴位左、右及後方有空缺，引致風吹骨頭，骨會黑。尖火形廉貞水射棺木，山高深陰暗，則容易潮濕惹蟻入，山低淺亦生蟻。穴位左右界水氣深，需要深葬，若是葬淺，則骨會化白。相反穴位左右界水氣淺，需要淺葬，若深葬骨則會黑及化成泥土，為之「泥化」。

來脈氣急，若葬急，骨亦會白爛。若來脈氣緩，造葬緩，骨亦黑。水分八字，穴之左右界水必深，風因此而入。穴高則生水氣，低葬則骨易成灰。泥水滿棺只因為有文曲水迢迢來射穴。

（一四一）《廿四向破軍訣》——《奇驗經》暮講師纂　繼大師註解

原文：**貪狼向。有土堆。乃為庫印主家肥。巨門武曲祿存向。此方切忌有塘堆。不惟墳內蝦蟆出。生瘡氣疾墮胎隨。田塍若在此方上。**

黃鱔居墳主禍胎。廉貞向（辛、癸、甲、艮）**上塍堆列。塍主泥蛇堆鼠來。破軍之向**（巽、庚、丁、壬、坤）**如何斷。禍福同前一例推。**

繼大師註：貪狼一九運父母卦向，有倉庫形的土堆，為庫印，主家肥，巨門二運。武曲六運，祿存三運向度，此方切忌有塘泥的堆土。塘泥易生蝦蟆，穴前平地明堂中央，獨立突出之一堆土山丘，主生瘡、氣疾、墮胎等尅應。

若在此堆土之方上，或有黃鱔居墳，主墮胎之應。若立「辛、癸、甲、艮」向，向上有田間的小堤堆列，田塍為泥地，主有蛇堆鼠來築穴。若立「巽、庚、丁、壬、坤」向，禍福同前一樣。

（一四二）《地風斷》——《奇驗經》暮講師纂　繼大師註解

原文：**四風人人曉。地風不可考。水去風來那個知。水來風去無人道。堂水倒左龍短兮。堂田右高左低了。名曰捲簾棺必翻。退小次中俱不好。**

繼大師註：穴有風來吹，生氣不聚，《青烏經》云：「**風來則水去。水去則風來。風來凶。水來吉。**」穴前右倒左水，左方青龍砂為下關砂，若左砂低及短，則大房窮。若穴前為田塍（塍音乘，即田界路。）右高左低，名曰「捲簾」，三房敗，其次是二房。棺木受煞必損。

原文：**水若倒右亦如前。先退長房次及小。當面傾播返漸低。亦名捲簾倒屍首。先敗中房的無疑。須得重案禍方少。水若倒左雖得龍。山收又忌長房走。**

繼大師註：若穴前左倒右水，右方白虎砂為下關砂，若右砂低及短，則三房窮。若穴前當面傾低，後漸漸低遠，亦名「捲簾」，因水去則風來，屍骨受風吹會呈現黑色，先敗中房，穴前方必須有多重案山作關欄方可。水若由右倒左，雖得來龍脈氣，沒有案山，二房亦敗，沒有青龍下關砂，則長房亦敗。

原文：**水若倒右亦如前。小房之敗的可曉。龍虎兩宮不可長。長則中房凶禍有。水去分夾朱雀行。骨有蟻水家潦倒。兩脅水流一短長。紡車風入覆宗考。**

繼大師註：穴前水若由左倒右，右方缺乏下關砂脈，主小房敗。龍虎兩宮不可太長而直，直長走離穴場則中房有凶禍。穴前有水流左右分夾直向前走，水走則風來，穴下之骨骸主有蟻及水，影響後人之運程及有疾病、窮困等，穴左右兩脅有水流，一長一短，如紡車風入穴旋轉，有滅族之患。

原文：**交山交互水曲行。向外逃亡死絕有。龍虎俱短八字分。名為八風把穴掃。穴高生水低穴灰。**

貧賤生亡決不好。作穴若占去水方。穴寒水濕蛇蟻有。

繼大師註：穴前山脈交錯，水曲行不絕，即水流交牙曲行，這是非常好的。若穴之左右龍虎俱短，左右八字水分流而走離穴場，名為「八風掃穴」，主向外逃亡，大凶死絕之地也。

墳穴葬在高處，穴受風吹骨會黑，穴易積水，穴低則水氣重，骨易爛，甚至會化泥，主後人貧賤多病，作穴若葬在去水方，水去則風來，穴寒及水濕，會生蛇蟻。

筆者繼大師曾見一穴，棺木葬於低地，前方有人造小魚塘，地師立得大吉之向度，五年後起骨，白蟻侵蝕至棺木邊，故穴雖得吉向，不可超過五年，否則骨會被蟲蟻所吃。

原文：**若從來水處做穴。乾燥清淨蟻水少。脈真氣假鬼不安。壙中無水棺中有。脈假氣真鬼初安。一坑真水無人曉。噓吸兩般風。地中生小竅。點燭請試之。**

繼大師註：平洋地取穴，若從來水處做穴，必須選擇略高而乾燥清淨之地，自然蟻水少。來脈真，但脈氣假，則葬者之鬼魂不安。葬地壙中無水，但棺中有，則來脈假，但四週生氣真，則葬者之鬼魂暫可安。若葬在凹坑上即是犯真界水，但很少人知曉，大地生起風，地中有小竅孔，可以點燭嘗試一下，是否風會吹熄蠟燭。

原文：**免使骨顛倒。穴呼有應聲。定主鬼作鬧。蛇蟻總不佳。冷退生意少。此等少人知。覆絕實難保。**

繼大師註：總括一句，為避免使骨骸顛倒，穴有風吹過，使發出聲音，鬼魂定不安。穴有風吹來，必附帶水氣，導致出現蛇蟲鼠蟻，後人有覆絶的危機。

（一四三）《斷墳斷》──《奇驗經》暮講師纂　繼大師註解

原文：**墳肚上。有小窟。出人氣絕人罕識。磚石紅白又光輝。其家正在方興列。若有枯毛蛇蟻生。若有青苔有水入。有水定主黃腫災。都天一到饒不得。**

繼大師註：在墳穴的肚上有小窟出現，出人易氣絕，**「磚石紅白又光輝。其家正在方興列。」**此點不能一概而論，要看看是否真龍結地，若有枯毛蛇蟻生，或墓上有青苔，必定有水氣入侵，後人易得黃腫病，甚至會病死。「都天」指方位上的都天土煞，若流年犯上都天土煞或三煞到墳之坐山，則有凶險。（可參考榮光園有限公司出版繼大師著《正五行擇日精義初階》137頁，第廿七章〈戊己都天煞方之原理及排法〉。）

《奇驗經》後記 —— 繼大師

筆者因註解《奇驗經》，偶然閱讀《地理索隱》，是目講師在八十四歲時的著作；在序文內，得知目講師王卓（無着大士）的奇遇後，發覺師徒之間的關係，都是一種甚深的緣份，大部份都是徒弟找師父求法，很少像目講師有那樣的神遇。

目講師是元末福建泉州人士，已考取科名，但無心做官，一心想遊覽名山大川，將自己的所見所聞筆之於書，以傳後世。一日登河南某名山遊覽，在一間茅舍中，遇上一位精於風水的老道人，他不想學問失傳，急欲找傳人，見目講師相貌不凡，會有聲名，雖然額上有華蓋紋，兩眉無彩，只是擔心他福份不足而矣。

老道說：「你若肯學。定會傾囊傳授。」並將他生平所學的風水知識，全部傳授給他，他亦不負師父所望。目講師後出家為僧，以風水學問行道濟世，度化眾生，給人們點地造葬達七十二處穴地，賜福給眾生，可謂力行菩薩道也。

目講師把他生平所學的風水知識，筆之於書，且著作豐富，對風水學問上的傳播，貢獻良多，使真傳的學問能傳承下去，像無極子得到他的真傳，後蔣大鴻又得到無極子的真傳一樣。

這本《奇驗經》全篇用詩句形式寫作，雖然大部份所寫的尅應文字不多，但尅應的種類卻非常多，因時移世易，並非每種尅應口訣都能用得着，此書僅作參考，讀者們須得明師上山親授，方能明白。

筆者繼大師期望未來能把過去所註解的經典風水古籍順利出版，將明師的風水學問流傳下去，謹此以饗讀者。

繼大師寫於香港明性洞天
癸卯年仲冬吉日

《全書完》

榮光園有限公司出版 —— 繼大師著作目錄：

已出版：正五行擇日系列

一《正五行擇日精義初階》 二《正五行擇日精義中階》

風水巒頭系列 — 三《龍法精義初階》 四《龍法精義高階》

正五行擇日系列 — 五《正五行擇日精義進階》 六《正五行擇日秘法心要》

七《紫白精義全書初階》 八《紫白精義全書高階》 九《正五行擇日精義高階》 十《擇日風水問答錄》

風水巒頭系列 — 十一《砂法精義一》 十二《砂法精義二》

擇日風水系列 — 十三《擇日風水尅應》 十四《風水謬論辨正》

風水古籍註解系列 — 十五《三元地理辨惑》 馬泰青著 繼大師標點校對

十六《三元地理辨惑白話真解》 馬泰青著 繼大師意譯及註解

風水巒頭系列 — 十七《大都會風水秘典》 十八《大陽居風水秘典》

三元卦理系列 — 十九《元空真秘》 原著及註解上下冊（全套共三冊） 劉仙舫著 繼大師註解

風水祖師史傳系列 — 二十《風水祖師蔣大鴻史傳》

三元易盤卦理系列 — 廿一《地理辨正疏》蔣大鴻註及傳姜垚註 張心言疏 繼大師註解（全套共上下兩冊）

廿二《地理辨正精華錄》

大地遊踪系列 — 廿三《大地風水遊踪》 廿四《大地風水神異》

廿五《大地風水傳奇》與廿六《風水巒頭精義》限量修訂版套裝（廿五與廿六全套共二冊）

正五行擇日系列 — 廿七《正五行擇日精義深造》

風水古籍註解系列 — 廿八《千金賦說文圖解》—（穴法真祕）— 劉若谷著 繼大師註解

大地遊踪系列 — 廿九《都會陽居風水精義》 卅《水法精義》

正五行擇日系列 — 卅一《正五行擇日尅應精解》

風水巒頭系列 — 卅二《風水祕義》 卅三《穴法精義》

風水古籍註解系列—卅四《奇驗經說文圖解》（陰陽二宅尅應）—目講師纂—繼大師註解

風水祖師史傳系列—卅五《風水明師史傳》

未出版：

大地遊踪系列—卅六《風水靈穴釋義》卅七《大地墳穴風水》卅八《香港風水穴地》

卅九《廟宇風水傳奇》四十《香港廟宇風水》四十一《港澳廟宇風水》四十二《中國廟宇風水》

三元卦理系列—四十三《三元地理命卦精解》

風水古籍註解系列—繼大師註解

四十四《青烏經暨風水口義釋義註譯》四十五《管號詩括暨葬書釋義註解》

四十六《管氏指蒙雜錄釋義註解》四十七《雪心賦圖文解義》（全四冊）

榮光園有限公司簡介

榮光園以發揚中華五術為宗旨的文化地方，以出版繼大師所著作的五術書籍為主，首以風水學，次為擇日學。

風水學以三元易卦風水為主，以楊筠松、蔣大鴻、張心言等風水明師為理氣之宗，以巒頭（形勢）為用，擇日以楊筠松祖師的正五行造命擇日法為主。

為闡明中國風水學問，用中國畫的技法劃出山巒，以表達風水上之龍、穴、砂及水的結構，以國畫形式出版，亦將會出版中國經典風水古籍，加上插圖及註解去重新演繹其神韻。

日後榮光園若有新的發展構思，定當向各讀者介紹。

作者簡介

出生於香港的繼大師，年青時熱愛於宗教、五術及音樂藝術，一九八七至一九九六年間，隨呂克明先生學習三元陰陽二宅風水及正五行擇日等學問，於八九年拜師入其門下。

《奇驗經說文圖解》目講師纂 繼大師註解

出版社：榮光園有限公司 Wing Kwong Yuen Limited
香港新界葵涌大連排道35 - 41號, 金基工業大厦12字樓D室
Flat D, 12/F, Gold King Industrial Bldg. , 35-41 Tai Lin Pai Rd, Kwai Chung, N.T., Hong Kong
電話：(852) 6850 1109
電郵：wingkwongyuen@gmail.com
發行：聯合新零售(香港)有限公司 SUP RETAIL (HONG KONG) LIMITED
地址：香港新界荃灣德士古道220～248號荃灣工業中心16樓
16/F, Tsuen Wan Industrial Centre, 220-248 Texaco Road, Tsuen Wan, NT, Hong Kong
電話：(852) 2150 2100
電郵：info@suplogistics.com.hk
印刷：榮光園有限公司 Wing Kwong Yuen Limited

作者：繼大師
繼大師電郵：masterskaitai@gmail.com
繼大師網誌：kaitaimasters.blogspot.hk

《奇驗經說文圖解》目講師纂 繼大師註解
定價：HK$500-
ISBN:978-988-76826-6-0
版次：2024年4月 第一次版

ISNB 978-988-76826-6-0
9 789887 682660